BIBLIOTHÈQUE PHOTOGRAPHIQUE

TRAITÉ PRATIQUE
DE LA
RETOUCHE
DES
CLICHÉS PHOTOGRAPHIQUES

SUIVI

D'UNE MÉTHODE TRÈS DÉTAILLÉE

D'ÉMAILLAGE

ET DE FORMULES ET PROCÉDÉS DIVERS

PAR

P. PIQUEPÉ

NOUVEAU TIRAGE

PARIS,
GAUTHIER-VILLARS ET FILS, IMPRIMEURS-LIBRAIRES,
ÉDITEURS DE LA BIBLIOTHÈQUE PHOTOGRAPHIQUE,
Quai des Grands-Augustins, 55.

1890

TRAITÉ PRATIQUE

DE LA

RETOUCHE

LABORA ET NOLI CONTRISTARI

BIBLIOTHÈQUE PHOTOGRAPHIQUE

TRAITÉ PRATIQUE
DE LA
RETOUCHE
DES
CLICHÉS PHOTOGRAPHIQUES

SUIVI

D'UNE MÉTHODE TRÈS DÉTAILLÉE

D'ÉMAILLAGE

ET DE FORMULES ET PROCÉDÉS DIVERS

PAR

P. PIQUEPÉ

NOUVEAU TIRAGE

PARIS,
GAUTHIER-VILLARS ET FILS, IMPRIMEURS-LIBRAIRES,
ÉDITEURS DE LA BIBLIOTHÈQUE PHOTOGRAPHIQUE,
Quai des Grands-Augustins, 55.

1890

AVANT-PROPOS

Grâce à l'accueil bienveillant des photographes anglais, ce traité a eu déjà plusieurs éditions à Londres. Je ne pensais pas le publier en France, mais j'ai cru devoir me rendre aux conseils réitérés d'hommes compétents qui m'ont assuré qu'un livre de ce genre avait sa place marquée dans toute bibliothèque photographique. En effet, chaque branche de la photographie semble attirer, l'une après l'autre, toute l'attention de nos écrivains les plus autorisés, la Retouche seule n'a pas été traitée d'une façon aussi approfondie qu'elle mérite de l'être. Porté par goût à étudier cette partie, et, de plus, opérateur de profession et ayant par conséquent certaines connaissances spéciales qui manquent à la plupart des retoucheurs, je crois être à même de combler cette lacune.

C'est ce que j'ai essayé de faire. Puissé-je avoir réussi!

AVERTISSEMENT

DE L'ÉDITION ANGLAISE

La Retouche des clichés photographiques a pris depuis quelques années une rapide extension. Elle n'était utilisée dans le principe que pour la correction des défectuosités qui sont inhérentes aux diverses manipulations chimiques servant à obtenir les clichés ; mais elle est sortie de son rôle primitif, et constitue aujourd'hui un mode complet de transformations.

Le point de départ était bon ; malheureusement, une foule d'opérateurs inhabiles, n'ayant même pas le sentiment de l'effet cherché, s'emparèrent de ce nouveau travail sans se préoccuper d'en remplir les conditions techniques et artistiques. Les résultats furent si mauvais, que des praticiens, cependant très expérimentés, méconnaissent encore aujourd'hui l'efficacité de la retouche pour le perfectionnement de leurs propres œuvres.

C'est là évidemment une exagération, une véritable erreur.

A-t-on jamais songé à proscrire la peinture, bien qu'il y ait de mauvais tableaux? Et, s'il est de médiocres retoucheurs, le nouvel art ne possède-t-il pas aussi des sujets d'un incontestable talent?

Ce sentiment de réaction contre la retouche tient uniquement à l'abus qui est fait de son emploi; c'est ainsi, par exemple, que, dans bien des ateliers, l'opérateur se repose entièrement sur l'habileté du retoucheur, et qu'il ne s'occupe plus de ses préparations, à peine de sa lumière. Que ses clichés soient exempts de taches, qu'ils aient une moyenne intensité, cela suffit, pense-t-il; la retouche fera le reste.

Dans certains ateliers, on semble même pousser l'opérateur à cette négligence, en lui prescrivant de ne produire que des clichés gris, sans vigueur, mais pleins de détails par excès de pose; pas un blanc ne s'y dessine, pas une lumière ne s'y indique, tout est terne, flasque et sans vie : le retoucheur est chargé d'animer tout cela.

C'est là, je ne crains pas de le dire, une déplorable méthode. Peut-être arrive-t-on ainsi à livrer des épreuves qui flattent le goût d'un certain public; mais l'œil du connaisseur découvre vite les défauts de ces productions molles, sans profondeur, sans relief, sans aucune valeur artistique, dans lesquelles on ne reconnaît qu'un travail pénible, un mécanisme habile quelquefois, mais toujours impuissant à rendre la vérité.

Considérée à ce point de vue, la retouche a fait certainement à l'art photographique plus de mal que de bien. Mais je me hâte d'ajouter que ces méthodes défectueuses tendent à disparaître. Quelques photographes ont même su, dès le principe, user de la retouche avec réserve, discernement, entente parfaite du but proposé, et ne l'ont employée que pour remédier à des défectuosités inévitables, provenant des manipulations ou du sujet lui-même. Leur mérite a trouvé sa récompense dans l'admiration qu'inspirent leurs œuvres.

En résumé, je ne saurais trop insister sur ce point : la retouche, même exécutée par un artiste, ne doit être que le complément nécessaire d'opérations parfaitement conduites. Certes, le rôle du retoucheur n'est pas moins important que celui de l'opérateur, et c'est au talent réuni de l'un et de l'autre qu'est due la beauté du résultat final ; mais il faut bien se pénétrer de cette vérité, que le retoucheur ne peut donner une valeur vraiment artistique à une œuvre, si l'opérateur ne lui livre pas d'abord un cliché aussi parfait que possible.

Pour satisfaire aux exigences artistiques de son travail, le retoucheur doit posséder un goût judicieux, une extrême légèreté de main, une patience à toute épreuve. Ces qualités se trouvent rarement réunies; mais tout photographe peut, dans des limites plus modestes, arriver à corriger dans ses œuvres les défauts trop saillants que son talent d'opérateur ne saurait prévenir. S'il a de la persévérance, il atteindra certainement ce but, à la seule condition de bien connaître les méthodes à employer.

Ce sont ces méthodes que je vais décrire aussi pratiquement que possible, en ayant soin d'exposer toutes les connaissances spéciales que nécessite l'art du retoucheur.

Le lecteur qui aborde ce sujet pour la première fois trouvera dans cet ouvrage des explications claires, qui lui permettront de s'initier complètement au travail de la retouche.

J'espère aussi que ce livre donnera aux photographes exercés, qui voudront bien le parcourir, la connaissance d'applications nouvelles, de détails de tours de main qui les intéresseront.

TRAITÉ PRATIQUE

DE LA RETOUCHE

DES

CLICHÉS PHOTOGRAPHIQUES

TRAITÉ PRATIQUE

DE LA RETOUCHE

CHAPITRE PREMIER

Matériel du retoucheur.

En commençant, je tiens à bien établir que cet ouvrage est écrit principalement pour celui qui, désirant connaître à fond la retouche, n'en possède pas encore la plus élémentaire notion : je ne dois donc négliger aucun détail ; cette façon de procéder paraîtra peut-être, dans quelques endroits, peu intéressante aux *initiés*, mais il est important de traiter le sujet très clairement, dans ses moindres parties, afin que chacun puisse en retirer tout le fruit qu'il est en droit d'en attendre.

Il faut, en premier lieu, se procurer un pupitre, petit appareil parfaitement décrit par M. Davanne :

Bien connu actuellement des Photographes, dit-il, il se compose de trois pièces ou châssis à charnières se développant en forme de Z. Le châssis horizontal du bas encadre une glace étamée qui renvoie la lumière sur le châssis incliné du milieu; celui-ci est formé par une glace dépolie assez grande pour qu'on puisse y poser le cliché; le châssis supérieur est en bois plein et fait abat-jour; il peut soutenir un voile noir, qui, tombant des deux côtés et en avant, empêche l'opérateur d'être gêné par la lumière extérieure, lui permet de voir l'épreuve par transparence sans fatigue, et d'en juger tous les défauts.

On trouve même des pupitres fabriqués à cet effet, possédant de chaque côté un volet en bois maintenu par des crochets au volet supérieur, et munis d'intermédiaires qui, répondant à toutes les grandeurs des glaces photographiques, s'adaptant hermétiquement les uns dans les autres, interceptent tout reste de clarté autour du négatif : le retoucheur se trouve ainsi enfermé dans une boîte, ne recevant du jour que par l'ouverture réservée au cliché. Enfin, une petite règle, qui monte et descend devant la glace dépolie, sert de point d'appui à la main et donne à celle-ci toute la sûreté qui lui est nécessaire.

Quelques autres se distinguent par la seule particularité d'avoir, à la place du miroir réfléchissant, une lentille mobile qui permet d'augmenter ou de diminuer à volonté la lumière projetée sous le négatif.

Quel qu'il soit, le pupitre à retoucher doit être placé en pleine lumière sur une table disposée devant une fenêtre exposée préférablement au nord ou tout au moins de manière à éviter le soleil.

Sans parler des troubles que l'application constante nécessitée par un tel travail peut apporter à certaines vues faibles, je dois mentionner un autre inconvénient, contre lequel il est aisé de se prémunir : c'est la position fatigante, pénible même, qu'entraîne la construction défectueuse des pupitres. Les retoucheurs, en général, ont tendance à l'exagérer ; très mauvaise pour la poitrine, elle peut amener la déformation des épaules. Une modification apportée aux pupitres tels qu'ils existent remédierait à ce grave inconvénient. La position horizontale et fixe du miroir nécessite pour le corps une inclinaison trop prononcée : il serait donc nécessaire que le réflecteur ajusté dans un châssis à charnières s'inclinât à volonté, ce qui permettrait de placer beaucoup plus perpendiculairement le châssis à glace dépolie supportant le cliché, et par

Fig. 1.

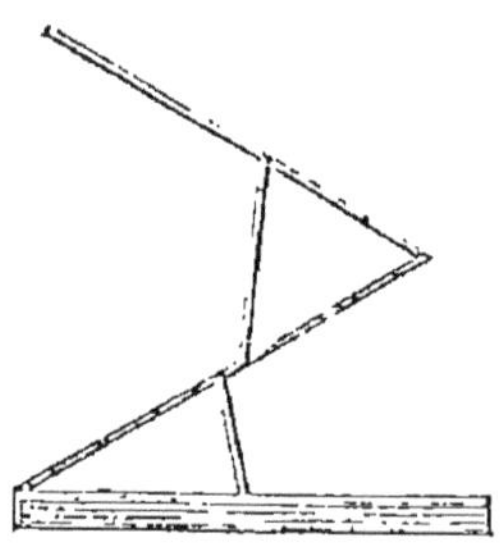

Fig 2.

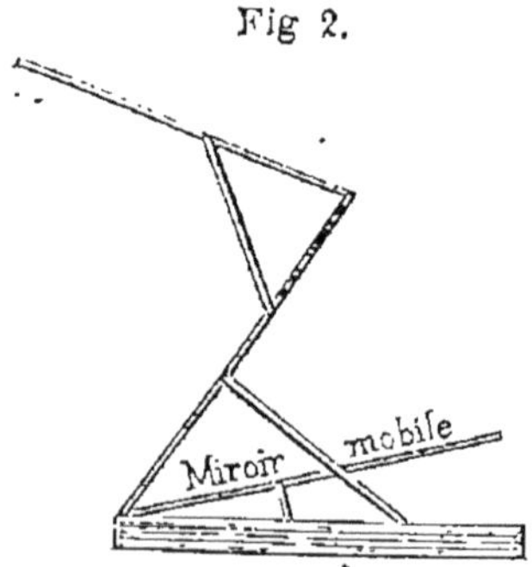

conséquent d'éviter cette position penchée, si fatigante. Les figures ci-dessus (*fig.* 1 et 2) en donnent une idée exacte.

De la quantité de lumière renvoyée sous le cliché dépend beaucoup la finesse de la retouche : il serait aussi nuisible dans certains cas de manquer de lumière que d'en avoir trop dans d'autres ; aussi, par un jour très fort et surtout pour des négatifs transparents, on se trouvera bien de placer sur le miroir une feuille de papier blanc.

Le choix des crayons et des pinceaux est d'une grande importance. Les crayons doivent être absolument exempts de grains ; comme il s'en fabrique beaucoup de mauvais et qu'on pourrait avoir de la difficulté à s'en procurer de bons, je signalerai les mines Faber, très connues, les Grossberger et Kurz, dont je me sers habituellement et qui m'ont paru jusqu'à présent les plus satisfaisantes. Elles donnent des teintes plus ou moins foncées suivant le numéro qu'elles portent : le n° 1 est le plus mou ; les n°s 2, 3, 4 sont de plus en plus durs. Ces quatre numéros répondent à tous les besoins.

Le n° 3 s'emploie pour les clichés de densité ordinaire ; le n° 4, le plus sec, le plus résistant, pour les exécutions les plus fines, les plus délicates ; et les n°s 1 et 2 s'utilisent dans les parties qui exigent une grande opacité, notant seulement qu'il faut se servir de ces deux derniers avec précaution, d'abord parce qu'ils donnent un trait excessivement prononcé, même en appuyant le plus légèrement, ensuite parce qu'à la moindre pression ils se cassent, et produisent une tache presque impossible à enlever ou à fondre.

Glissées dans des porte-crayons, ces mines s'affilent en les frottant sur une petite lime d'acier ou une pierre ponce *factice* très fine, ou encore, ce qui est préférable, sur du papier émeri (zéro et double zéro), coupé par bandes de 3 ou 4 centimètres de largeur sur 10 à 12 de longueur, réunies en un cahier fixé par une de ses extrémités.

Les pinceaux doivent être en martre et très souples. On peut en avoir de plusieurs grosseurs, depuis la plus petite. Il est très difficile de se procurer de bons pinceaux; aussi doit-on les choisir avec un soin minutieux. Il faut qu'ils soient bien fournis, pas trop longs, n'ayant pas de ventre et formant bien la pointe. On en reconnaît la qualité en les trempant dans l'eau, puis les pliant fortement sur l'ongle : s'ils sont bons, la pointe reprend immédiatement sa place.

Les points, les trous des clichés nécessitent l'emploi de différentes couleurs. Les mieux appropriées sont l'encre de Chine et le bleu clair : la première donne, il est vrai, des couches moins transparentes que la seconde, mais, bien employée, elle permet une retouche plus finie, en ce sens qu'elle se rapproche davantage de la teinte des clichés photographiques. On se sert encore de carmin, de jaune, etc.; mais pour des cas spéciaux dont nous parlerons plus loin.

Toutes ces couleurs se délaient à l'eau en y ajoutant une pointe de gomme arabique et de sucre, ou de glycérine seule, pour empêcher qu'elles ne s'écaillent après dessiccation.

Une bonne loupe achromatique, quoique n'étant pas indispensable, pourra quelquefois être utile quand il s'agira de retoucher une figure très petite et très tachée; seulement, je conseille, contre l'avis presque général, de n'en user qu'avec la plus grande discrétion, autrement la vue se pervertit, l'habitude devenant telle qu'il est impossible de s'en passer, et, si les têtes sont un peu fortes, on risque presque toujours de se perdre dans les détails au détriment du modelé.

Enfin, des estompes de plusieurs dimensions, les unes petites, de préférence dures et en papier, pour les détails; les autres en peau et très douces pour le modelé général; puis un blaireau, aussi très doux, pour chasser toute poussière de la surface du négatif pendant le travail, complètent la liste des différents accessoires composant le matériel du retoucheur.

CHAPITRE II

Des différentes surfaces propres à la retouche.

On a souvent discuté la question de savoir quelle préparation peut fournir la surface la plus appropriée à la retouche des clichés; bien des moyens ont été proposés.

Longtemps on a donné la préférence à la gomme arabique dissoute dans l'eau; mais les inconvénients dont cette méthode est susceptible l'ont fait presque généralement abandonner, surtout dans les ateliers anglais, où, dans bien des cas, avouons-le en passant, on prend l'avance sur nous. — En effet : trop forte, la couche de gomme est brillante et ne permet plus le travail; trop faible, elle cède sous le crayon, et celui-ci déchire alors la pellicule de collodion, ce qui arrive souvent par une température humide, même lorsque la gomme est passée au degré de force voulu et malgré la précaution que l'on peut prendre de tiédir de temps à autre le négatif. De plus, l'intensité du cliché et celle de la retouche changent avec le vernissage dans des proportions différentes; quelquefois même une partie de la retouche est entraînée, déplacée par le vernis : il est facile de comprendre le mauvais effet qui en résulte. Enfin, la gomme étant un corps essentiellement hygrométrique, il arrive presque toujours que la couche de collodion ne tarde pas à subir des altérations profondes, souvent irrémédiables. A la vérité, on a prétendu parer à ce dernier inconvénient en additionnant 1 litre de gomme, préparée à 12 0/0, de 3gr de bichromate de potasse, pour la rendre, par l'action de la lumière, insoluble à l'eau, indifférente à l'humidité. Ce moyen n'est pas suffisant, la gomme ne subit qu'imparfaitement l'action du bichromate, qui s'y dissout mal, reste en suspension malgré le filtrage et fournit des couches irrégulières et grenues. La Retouche exécutée sur le vernis même est aujourd'hui la plus répandue.

Et, cependant, il faut reconnaître qu'il n'existe guère de vernis spécifiés *à retouche* qui remplissent parfaitement leur but; la plupart ne prennent pas suffisamment le crayon pour permettre une retouche fine et soignée ; les autres tombent dans un excès contraire : tout travail régulier est impossible. En outre, dans presque toutes les recherches faites à ce sujet, on se préoccupe de produire une surface plutôt molle au crayon que puissante protectrice du collodion, ce qui me paraît pourtant chose assez importante. C'est pourquoi je recommande de se servir le moins possible des vernis spéciaux employés à froid ; ils ne résistent guère aux changements de température, ne supportent pas un autre vernis qui, lui, résisterait, et amènent souvent la perte du négatif.

On peut cependant désirer dans certains cas employer des vernis à retouche à chaud, les seuls possibles ; en voici quelques-uns, choisis parmi les meilleurs, et faciles à essayer :

Gomme laque	125	parties.
— sandaraque	120	—
Résine	5	—
Alcool	500	—

Dissoudre les gommes dans l'alcool, laisser reposer un jour environ et ajouter :

Huile de ricin	10	parties.

Autre :

N° 1.			N° 2.		
Alcool à 40°	80	parties.	Alcool à 40°	25	parties.
Sandaraque	15	—	Ether	2	—
Térébenthine	5	—	Camphre	5	—
Huile de lavande	4	—	Eau distillée	10	—

Mêler les deux solutions, laisser reposer quelques jours et filtrer. Cette formule, qui a fait l'objet d'un brevet, est maintenant très répandue aux États-Unis.

Autre :

Gomme sandaraque	30	parties.
Alcool à 40°	180	—
Huile de ricin	6	—

Le plus grand défaut de ces différentes compositions est de varier dans leurs effets selon les degrés de température auxquels elles sont employées. Si la plaque est trop chauffée, ou si l'on vernit seulement un jour ou deux à l'avance, la surface dure et glissante n'accepte plus le crayon ; elle est molle, au contraire, et facile à se rayer si elle a été obtenue trop à froid.

Le Dr Van Monckhoven conseille l'emploi d'un vernis composé de la manière suivante :

On fait une solution concentrée de carbonate d'ammoniaque dans l'eau, à laquelle on ajoute de la gomme-laque jaune ordinaire, de façon à ce que celle-ci soit entièrement recouverte de liquide. On bouche avec soin et on laisse reposer pendant 24h. On rejette alors la solution ammoniacale, on lave la gomme-laque dans cinq ou six eaux, puis on la met dans une capsule en ajoutant de l'eau dans la proportion de 12 parties pour une partie de gomme-laque. Chauffer graduellement, en ayant soin d'agiter tant que dure l'opération. Dès que le liquide est en ébullition, la gomme-laque est parfaitement dissoute ; on laisse refroidir et l'on filtre pour l'usage. Cette solution doit avoir l'odeur de la gomme-laque : si elle a l'odeur ammoniacale, elle est mal préparée. On applique, à la façon du collodion, deux couches successives de ce vernis sur le cliché préalablement lavé après fixage et bien égoutté. Sèche, la pellicule est brillante, insoluble dans l'eau et suffisamment résistante pour qu'il soit inutile de vernir s'il n'est besoin que d'un petit nombre d'épreuves. Le négatif peut cependant être verni comme d'habitude; cette seconde couche ne pouvant en aucune façon pénétrer la première, l'intensité de la retouche et celle du cliché n'en subissent aucune altération. Pour celui-ci, comme pour tous les vernis dits *à retouche*, il est facile de reconnaître s'ils sont au degré de force voulue, et, dans le cas contraire, d'y remédier : Le crayon ne *prend* pas, ou *prend* irrégulièrement? La solution est trop forte. Elle est trop faible lorsque la surface obtenue s'éraille aisément; en conséquence, on étend, ou l'on renforce, suivant le cas.

Dans *The British Journal of Photography*, on recommande la méthode suivante : Etendre le vernis ordinaire d'une quantité égale d'alcool méthylique, le verser à froid sur le négatif et laisser sécher librement. Si les proportions sont exactes, la surface obtenue est de la plus exquise délicatesse, tellement, dit l'auteur, en manière d'avertissement, « qu'elle est d'une nature trop fragile pour les travailleurs ordinaires. » Observation scrupuleuse à noter de la part d'un Anglais; car il est bon d'ajouter que nos voisins, qui ont la réputation d'aller de l'avant pour les découvertes originales, font d'ordinaire tout ce qu'ils peuvent pour la justifier, et ne craignent pas d'avancer les faits les plus hardis. Ainsi, dans le même article, le journal cité parle d'un « gentleman » qui possède une si grande légèreté de main, qu'il est capable de travailler sur la pellicule même de collodion simplement séchée. Ce tour de force est attesté, ajoute-t-il, par une épreuve d'un groupe dans lequel de nombreuses figures parfaitement faites ont été obtenues de cette manière. Quoi qu'il en soit des exceptions, il faut qu'un procédé quelconque réunisse toutes les chances de répondre à peu près aux capacités de tous, ce que celui-ci (en admettant qu'il soit praticable) est loin de faire ; il ne pourrait convenir qu'à une main particulièrement exercée, rompue à toutes les difficultés du travail habituel, difficultés suffisantes et qu'on exagère dans cette occasion sans aucun profit.

Pour en revenir au vernissage à froid, cette première couche a l'avantage d'en pouvoir supporter une seconde de vernis ordinaire employé à chaud sans aucune espèce d'altération. Le cliché ainsi protégé n'en est que plus apte à supporter les fatigues d'un long tirage. Le point principal, c'est que l'addition de l'alcool soit faite dans un degré de force très précis. Comme ce degré varie suivant la nature de l'alcool et du vernis employés, je ne puis en donner de formule exacte : l'expérience y supplée rapidement. S'il est trop fort, le vernis sec est trop brillant. S'il est trop faible, la surface est trop mate, molle et facilement éraillée. De plus, quand, par exemple, un cliché manque de pose ou lorsqu'il a été forcé au développement, la pellicule de collodion, présentant une structure différente des autres clichés, réclame une modification du vernis; une plus grande force sera nécessaire. Au lieu d'augmenter le degré ordinaire, une deuxième couche passée, toujours à froid, produira à peu près le même effet. J'ai cru devoir insister sur ce procédé parce que je m'en suis servi dans bien des occasions avec succès.

Voici une troisième méthode très facile donnée par M. de Courten.

Vernir d'abord le cliché à froid. Lorsque le vernis est sec, soumettre la plaque à une forte chaleur. On obtient ainsi une couche qui est d'une grande solidité tout en restant sensible au crayon. Les vernis ordinaires au benjoin ou à la gomme-laque, dont on trouvera plus loin les formules, conviennent parfaitement.

A mon avis, la façon de procéder la plus pratique, la plus simple, est celle-ci : employer à chaud un vernis très brillant, très résistant, le laisser sécher quelques heures et *dépolir* ensuite les parties à travailler avec l'une des liqueurs suivantes

Essence de térébenthine pure	100gr
Gomme dammar	5

ou bien

Essence de térébenthine.	100gr
Térébenthine de Venise.	4
Gomme dammar.	2

On se sert à cet effet d'un pinceau moyen coupé en brosse, légèrement imprégné et passé en tous sens sur les endroits à dépolir, de façon à ce qu'ils soient bien humectés. Cette petite opération ne demande que quelques secondes ; il faut que la surface obtenue soit unie et régulière, à peine différente des parties qui l'avoisinent, ce qui n'aurait pas lieu si le pinceau avait été trop chargé de liquide. On enlève alors le surplus avec un linge fin arrangé en petit tampon sans plis. Cette solution sèche vite ; il est toujours mieux de retoucher immédiatement, surtout si le cliché réclame un grand travail.

Au bout de quelques heures, si le vernis est bon, toute trace de dépolissage disparaît.

Voici les vernis que je recommande :

Alcool à 40°	100 parties.
Gomme sandaraque	15 —
Huile de lavande	12 —
Chloroforme	3 —

Autre :

Alcool à 90°	100 parties.
Benjoin	15 —

Autre :

Alcool à 40°	500 parties.
Gomme laque	35 —
— mastic	6 —
— sandaraque	35 —
Térébenthine de Venise	6 —
Huile de térébenthine	6 —
Camphre	1 —

Autre :

Alcool à 40°	100 parties.
Gomme laque	10 —

Il y a encore un autre moyen de rendre tout vernis capable de prendre la retouche; je le mentionne parce qu'il est peut-être le plus répandu, quoique ne valant pas, à beaucoup près, le précédent : c'est le dépolissage à la poudre d'os de seiche ou de pierre ponce. Soit avec un tampon de coton, soit avec une estompe de peau, soit même avec le bout du doigt, on étend la poudre, on frotte légèrement en tournant toujours, jusqu'à ce que la surface ait perdu son brillant et devienne mate, douce, et sensible au crayon. Cette petite opération est très délicate; elle doit être surveillée à travers la glace dépolie du pupitre, car on doit surtout prendre garde de ne pas endommager l'image, qui pourrait être rayée par un frottement trop lourd et trop prolongé. Cette façon de procéder est, on le voit, moins sûre et plus longue que la première; en outre, les surfaces ainsi obtenues ne sont pas toujours uniformes, et le crayon n'y prend qu'irrégulièrement.

Il est indispensable de donner ici quelques indications pour le vernissage des clichés. L'opération est à peu de chose près la même que le collodionnage, mais tout le monde n'est pas *opérateur*, et d'ailleurs on attache ordinairement à cette manipulation trop peu d'importance. Si pourtant elle est mal faite, le négatif peut se trouver complètement détérioré. C'est surtout en photographie qu'on ne doit pas négliger les détails, si l'on ne veut perdre en un instant tout le fruit de patientes et minutieuses précautions. Que deviennent, par exemple, l'éclairage, la finesse et la propreté d'un cliché, la qualité d'une belle retouche, le ton chaud et éclatant du virage, sur des portraits, comme on en voit trop, mal fixés, mal lavés, jaunis et rongés en quelques jours?

C'est ce que comprenait fort bien un de mes élèves, amateur consciencieux et réellement distingué, lorsque, voyant pour la première fois les manipulations si compliquées, si ennuyeuses, que nécessite l'obtention d'une épreuve, depuis le polissage de la plaque jusqu'à l'achèvement de l'émaillage par exemple, il me disait : « La Photographie pourrait vraiment se définir : l'art de produire les œuvres les plus fines et les plus polies par les moyens les plus sales et les plus grossiers. » En effet, toutes ces opérations successives surprennent dès l'abord, et paraissent fort peu agréables à faire. Et pourtant aucun détail n'est inutile, aucune précaution n'est superflue, et, si l'on était un peu plus persuadé de ces vérités, la qualité du travail photographique en général serait de beaucoup supérieure.

Voici donc comment on vernit : on chauffe doucement la plaque sur une lampe à alcool, ou sur un feu quelconque, d'un peu loin, d'abord bien également dans toutes ses parties, par un mouvement constant de va-et-vient, sans quoi elle tomberait subitement en morceaux. Lorsqu'elle atteint la température que la main, passant sur le verre, peut encore aisément supporter, on saisit cette plaque par un des coins, entre le pouce et l'index de la main gauche; on verse au milieu de la moitié supérieure de la face collodionnée une petite quantité de vernis proportionnée à la dimension du cliché; et, inclinant celui-ci d'un mouvement lent et mesuré, en premier lieu vers les bords supérieurs, puis de haut en bas, on fait courir le vernis sur toute la surface, en évitant, soit de laisser des vides, soit de revenir plusieurs fois aux mêmes endroits, soit d'être obligé de reverser du vernis. C'est une habitude à prendre, un coup de main à attraper; on y arrive très vite. Puis on laisse égoutter le surplus du vernis; avec un peu de papier de soie, on essuie les bords, et la plaque est de nouveau chauffée, fortement cette fois, jusqu'à ce que le vernis, bien séché, soit devenu très brillant. Cette précaution d'essuyer empêche le vernis de s'enflammer, ce qui aurait lieu s'il débordait, surtout lorsqu'on chauffe au-dessus d'une lampe à alcool dont la flamme touche le cliché. Quand cet accident arrive, il se produit une sorte de trame visible par réflexion, et assez semblable à celle du tulle; il faut alors revernir immédiatement. Si le liquide, par suite d'une inclinaison trop lente, revient plusieurs fois aux mêmes endroits, la première partie, déjà presque sèche, surtout si le cliché a été trop chauffé, ne se mêle plus à la nouvelle; il en résulte une épaisseur, une sorte de pli formant une rayure visible au tirage. C'est un inconvénient que produisent aussi les vernis trop épais; dans ce cas, étendre d'alcool et recommencer. Enfin, s'il restait des vides, l'endroit non garanti, non seulement finirait par s'abîmer, mais encore formerait tache, puisque le vernissage diminue l'intensité du négatif.

Le vernis doit être maintenu très propre, et conserver une épaisseur convenable; il est bon de procéder comme il suit : prendre un second flacon dans lequel on place un entonnoir en verre garni d'un filtre de papier ou d'un tampon de coton, et, quand le cliché est verni, au lieu de faire couler l'excédent dans le flacon entamé, égoutter toujours dans l'entonnoir. De cette façon, le vernis se filtre à mesure, et, quand le contenu du premier flacon est passé dans le second, on se sert de celui-ci, et l'on égoutte dans l'autre.

Pour le maintenir au degré d'épaisseur convenable, il suffit d'ajouter au vernis, de temps à autre, quelques centimètres cubes d'alcool à 40°, qui réparent la perte de l'alcool évaporé pendant les opérations précédentes.

Je crois avoir suffisamment traité la question des surfaces; le lecteur pourra, suivant ses goûts, faire un choix parmi tous ces différents procédés, mais je conseille aux commençants de s'exercer d'abord sur des surfaces vernies, de la manière que je viens d'indiquer : leurs progrès seront plus rapides, parce qu'ils auront la facilité, en effaçant par des dépolissages réitérés, de recommencer à plusieurs reprises et juger ainsi sur la même tête des améliorations successives que chaque nouvel essai leur permettra d'apporter.

CHAPITRE III

Ce qu'est la retouche.

Avant tout, le commençant doit apprendre à reconnaître les défectuosités du cliché, et à déterminer quelle somme et quel genre de travail sont nécessaires pour les atténuer.

Or, il est moins facile qu'on ne pourrait le croire de découvrir les défauts d'un cliché; il y faut une habitude que l'expérience peut seule faire acquérir.

Il est de toute nécessité d'étudier d'abord sur l'épreuve positive les corrections à exécuter sur l'épreuve négative. Cette première épreuve, tirée du cliché tel qu'il est obtenu dans la chambre noire, devient un guide fort précieux sur lequel on lit pour ainsi dire le travail à effectuer.

Cet examen prouvera non seulement l'utilité, mais la nécessité de la retouche, où il ne faut pas voir, comme beaucoup prétendent, une regrettable

Épreuve du même cliché retouché par l'auteur sur vernis résistant, dépoli suivant la formule indiquée page 15.

Tirage fait par le procédé aux sels d'argent dans les ateliers de la maison P. Morgan et Cie.

29, Boul^d des Italiens, à Paris.

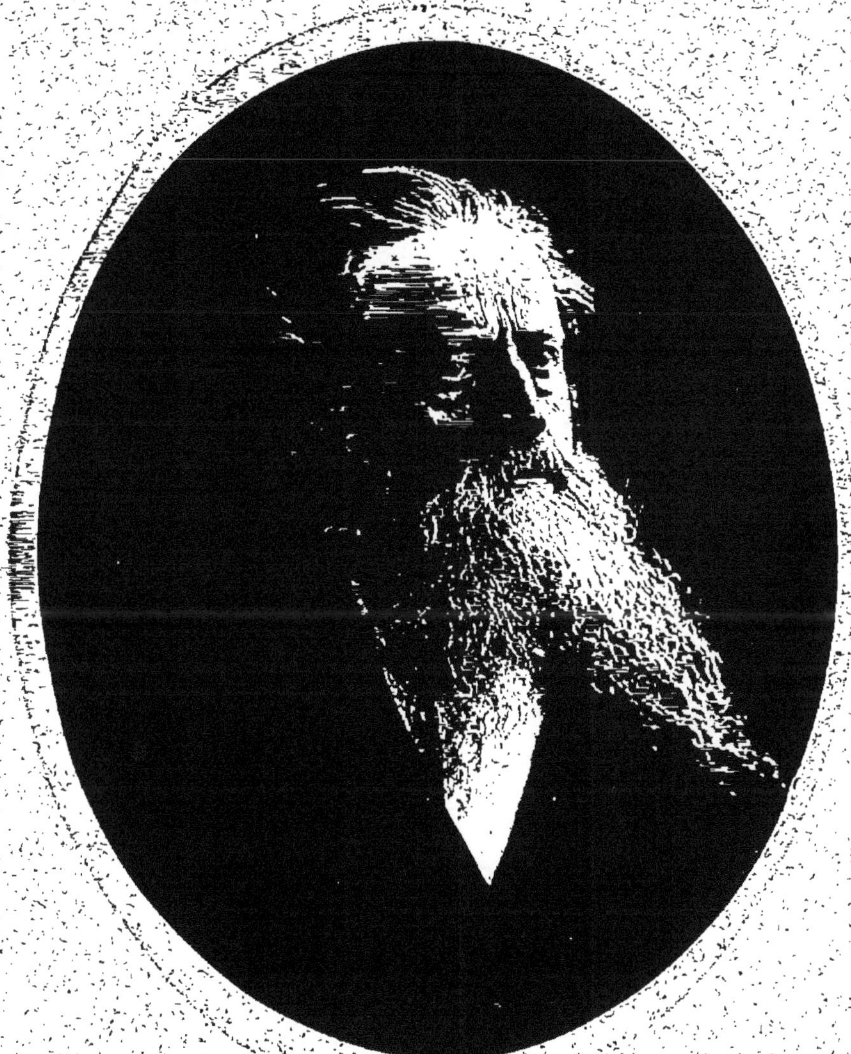

CLICHÉ SANS RETOUCHE.

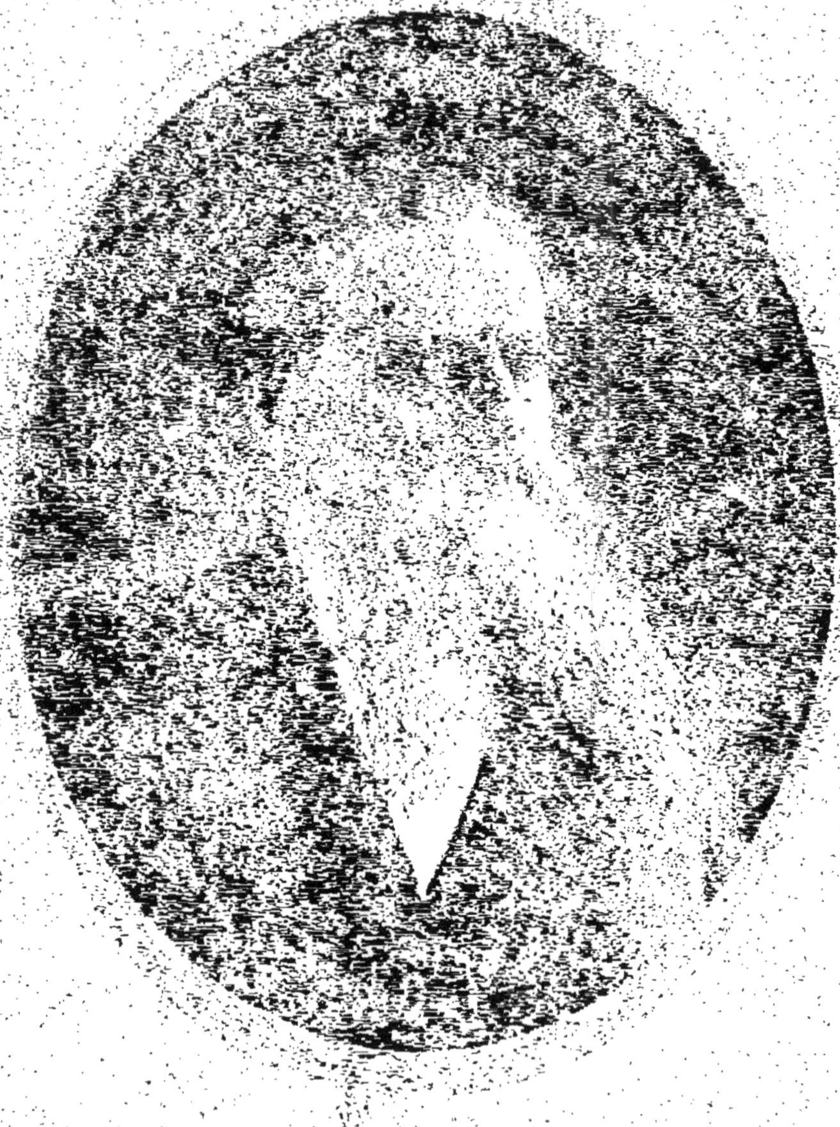

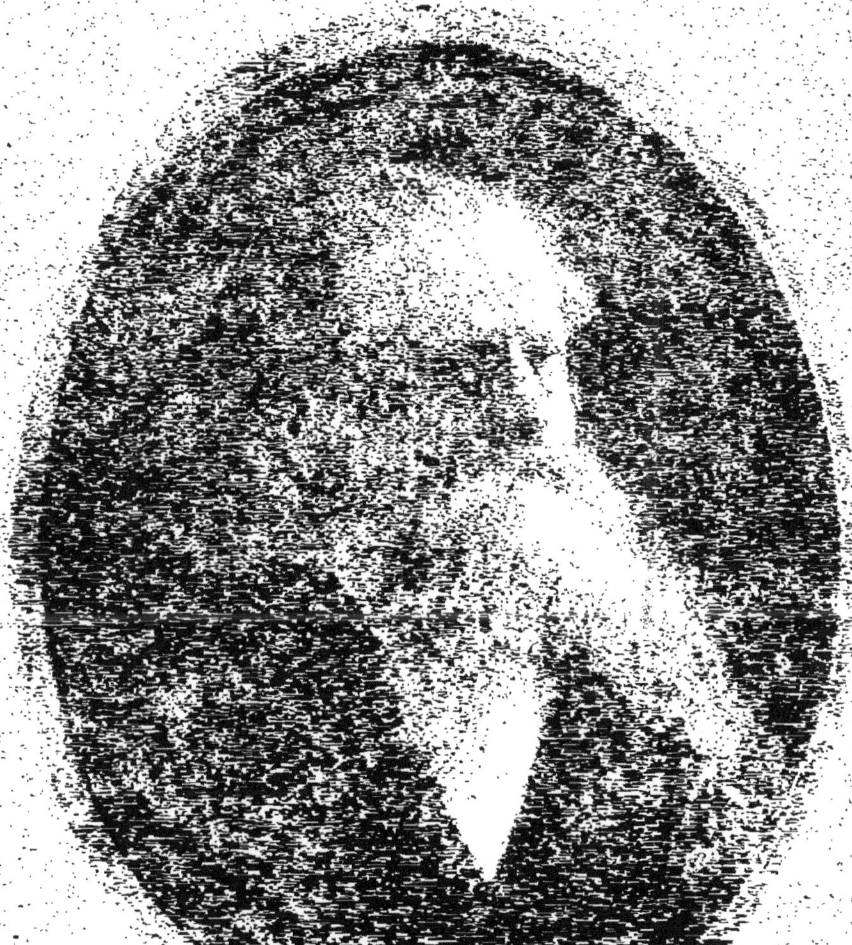

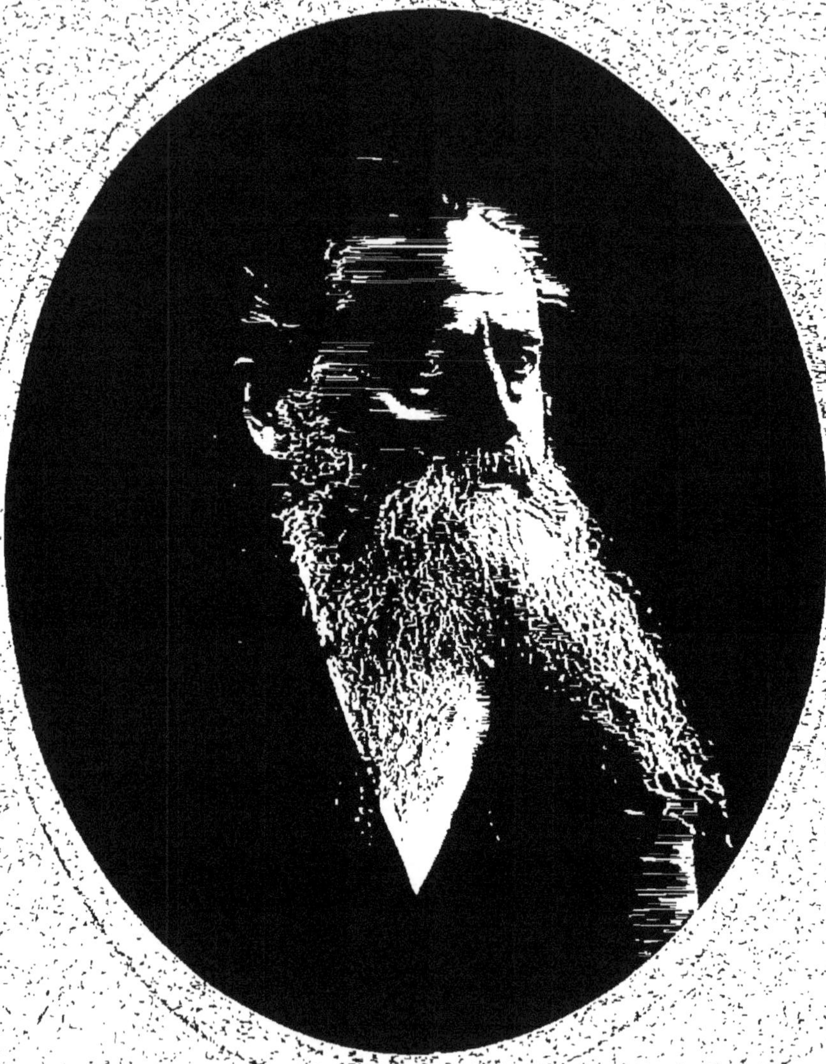

CLICHE RETOUCHE.

Épreuve du même cliché retouché par l'auteur sur vernis résistant, dépoli suivant la formule indiquée page 15.

Tirage fait par le procédé aux sels d'argent dans les ateliers de la maison P. Morgan et Cie.

29, Boul^{d} des Italiens, à Paris.

manie, mais une aide indispensable à l'art photographique, et qu'on ne peut bannir des ateliers tant que ceux qui la renient ne s'appliquent pas eux-mêmes à découvrir un procédé exempt d'erreurs ou d'incertitudes, ou tout au moins un correctif sûr aux imperfections naturelles et accidentelles de leurs propres œuvres. La Retouche est donc non seulement une ressource légitime, mais un accessoire indispensable du travail photographique, bien entendu à condition de se limiter à la rectification des défauts inhérents à l'œuvre de la lumière. En effet, les rides persisteront toujours à se montrer plus profondes, plus accentuées, que la nature; certaines taches, qui, sur une belle figure, paraissent à peine, se traduisent sur l'épreuve par autant de points noirs et durs; et les accidents de manipulation (rayures, piqûres à jour, etc.) surgissent à l'improviste dans un négatif d'ailleurs excellent, en dépit de l'adresse et du soin déployés par l'opérateur. Chez certains modèles, la beauté consiste, non pas précisément dans la régularité ni dans l'harmonie des traits, mais dans la transparence, la fraîcheur, ou encore l'originalité de leur teint; pour peu que les contours des yeux, les coins de la bouche et du nez soient, chez eux, légèrement accentués, notre épreuve monochrome traduira en lignes noires et sèches les teintes harmonieuses et chaudes de la nature, et vieillira considérablement les physionomies; un tel portrait ne sera ni agréable ni vrai. — Les produits chimiques obéissent jusqu'à un certain point au photographe; mais en est-il de même de la lumière, des lentilles surtout, qui, malgré les améliorations que l'on y apporte tous les jours, sont loin d'être parfaites? Que l'opérateur, par exemple, mette au point sur les yeux : si le modèle a le nez très proéminent, une barbe longue et fournie, l'un et l'autre seront loin du foyer; et si, pour obtenir mieux, le point est mis plus en avant, les oreilles seront noyées dans un flou absolument défectueux.

Atténuer ces rides, effacer ces taches, enlever ces points, adoucir ces ombres, raffermir ces contours, et, ainsi, revenir exactement à la nature vraie, est-ce un tort, et peut-on raisonnablement proscrire le remède, lorsqu'il guérit le mal?

On a cherché à produire ces résultats mécaniquement. Les uns ont placé sous l'obturateur opaque de l'objectif un deuxième obturateur en verre dépoli : les plaques sensibles recevaient à travers ce verre, pendant une ou deux secondes avant la pose, une première atteinte de la lumière. On prétendait ainsi, tout en accélérant la pose, arriver à une douceur d'ensemble inimitable : somme toute, on n'obtenait de la sorte que des clichés plats et voilés.

D'autres conseillaient, durant l'exposition dans la chambre noire et vers la fin du temps requis pour l'impression, d'enlever d'un mouvement rapide le diaphragme de l'objectif; le flou léger produit par ce moyen devait faire disparaître rides et taches. En fait, la netté diminuait, et les défauts persistaient.

D'autres, enfin, ont imaginé de grimer les modèles : moyen certainement plus efficace que les précédents, mais malaisé à mettre en pratique, et ne supprimant pas non plus la difficulté.

Rien ne peut donc rivaliser encore avec le crayon du retoucheur, qui seul peut avec discernement et habileté opérer les corrections nécessaires. Lui seul est susceptible de posséder le goût et la sûreté d'exécution indispensables pour obtenir d'un procédé si uniforme les effets les plus divers et les plus imprévus. Le remplacera-t-on? Certainement non, à moins de donner à une machine le jugement et la vue, ce que les combinaisons mécaniques les plus ingénieuses n'ont pas, que je sache, encore fait jusqu'à présent. Or, puisqu'on en est réduit de toute nécessité à s'en tenir à la méthode actuelle, le mieux n'est-il pas de chercher à la perfectionner par tous les moyens plutôt que de recourir à la recherche de procédés impossibles?

Enfin, n'est-ce pas gaspiller son temps et celui des autres, que d'élaborer, puis de communiquer à une Société, des idées du genre de celle-ci : remplacer la retouche par un encrage régulier (pointillé ou hachures) de toute la surface du cliché et un lavage dans les parties qui peuvent s'en affranchir (¹). Que penser de ces moyens, de ceux qui les proposent et de ceux qui les emploient? Laissons cela. Je voulais seulement, par un exemple, avertir les travailleurs sérieux, avides de savoir et de connaître, prêts à tout essayer avec conscience, et les mettre en garde contre les nombreuses élucubrations, plus étranges les unes que les autres, qui se succèdent sans épuiser la fécondité des inventeurs ni la crédulité des adeptes. Les découvertes sérieuses, les inventions utiles, sont rares, malheureusement, et ne font ordinairement leur chemin qu'à bien petits pas; rien n'est donc plus facile que de les retenir au passage, laissant les autres pour ce qu'elles valent, afin de ne pas s'embarrasser inutilement. Pour la retouche notamment, contentons-nous de porter à leur plus haut degré de perfection les qualités essentielles et mécaniquement inimitables du vraiment bon retoucheur, c'est-à-dire le raisonnement judicieux, et l'habileté pratique.

Ce sont ces précieuses qualités que le commençant aura à cœur d'acquérir dans toute leur étendue, en s'efforçant de dépasser la médiocrité, qui, supportable en beaucoup de métiers, est intolérable en Photographie, surtout en retouche. Je préfere de beaucoup un cliché non retouché à un cliché mal ou à demi retouché; et si mon opinion était aussi

(¹) Communications à la Société Photographique de Glasgow (séance du 27 mars 1879).

celle du public, on verrait bientôt disparaître cette profusion d'œuvres ridicules, bien faites pour fausser ces goûts artistiques.

On voit donc dès à présent le but vers lequel on se dirige, à quoi doivent tendre tous les efforts; efforts personnels, unis à une grande persévérance : y mettre du sien est indispensable, car il ne faut pas s'imaginer que parcourir simplement ces pages suffira pour qu'aussitôt on se trouve en état de pratiquer la retouche d'une manière satisfaisante; on sera, au contraire, forcé de les relire souvent, de les étudier à mesure qu'on se trouvera arrêté par quelque difficulté; mais, en suivant cette méthode patiente, en se conformant à mes indications, qui toutes reposent sur une longue expérience, on sera surpris de la sûreté des premiers pas et de la rapidité avec laquelle on se trouvera maître d'une somme de connaissances qu'une étude isolée, fatigante, ne donnerait qu'après un temps fort long.

Les premiers jours, quand, en face de son cliché, on cherche ce qu'on y doit reprendre, il est très difficile, presque impossible, à soi seul, d'y rien découvrir; on ne voit pas, on ne comprend pas; surtout si l'on n'a pas été préparé à ce genre de travail par l'étude préalable de la retouche des petites épreuves, qui est un très bon acheminement à celle du négatif et que je recommande fortement. Si, en effet, à des connaissances artistiques d'ordre élémentaire, on joint les premières notions du dessin, on doit essayer d'abord son crayon sur les épreuves positives : genre de retouche fort pratiqué dans certains ateliers, et que chacun est à même de se faire enseigner le plus facilement du monde. La retouche des positives peut être considérée comme l'école du retoucheur de clichés.

La nature et la valeur des clichés varient avec les conditions dans lesquelles ils ont été obtenus, et se reconnaissent souvent au simple aspect. Je ne puis évidemment en faire une analyse qui aboutisse à une classification méthodique reposant sur des définitions précises et spécifiques, mais je donne plus loin, d'abord des explications générales, ensuite des remarques particulières à l'aide desquelles on devra distinguer les types entre lesquels on peut les distribuer. A cette division rudimentaire correspond une série de procédés de retouche appropriés à la nature même de chaque cliché. C'est ainsi que certains négatifs obtenus (trop rarement !) à l'état presque parfait, grâce surtout à un éclairage bien dirigé, ne réclament pour ainsi dire aucunes connaissances spéciales, soit artistiques, soit scientifiques, parce que tout y est dans les justes proportions que les lumières y sont vraies, suffisamment intenses, et qu'en un mot il n'y faut rien ôter, rien ajouter ; à peine est-il nécessaire d'enlever une tache, d'adoucir une ligne un peu heurtée, tandis que d'autres (et c'est le plus grand nombre), soit à cause des mauvaises conditions dans lesquelles ils ont été produits, soit à cause des défectuosités particulières au sujet, nécessitent dans toute leur étendue l'emploi judicieux de l'art du retoucheur. Malheureusement, peu de retoucheurs font cette distinction, et la plupart appliquent la même méthode à tous les clichés, bons ou mauvais; à tous les modèles, hommes ou femmes, jeunes ou vieux; cette méthode se résume en trois mots : *arrondir*, *effacer*, *polir*. De l'expression, du caractère, des traits fins et un peu vagues d'un enfant, des lignes prononcées d'un mâle visage, ou de la douceur malicieuse d'une figure féminine, ils ne tiennent nul compte, ne font pas la différence, n'ont même pas l'idée. L'art du modelé, la science des muscles expressifs de la tête humaine, à quoi bon? puisqu'il est *convenu* que la perfection de la retouche consiste à tout effacer : c'est, en effet, l'opinion la plus accréditée. Ce n'est pas celle des véritables connaisseurs, ce n'est pas celle des artistes, et ce n'est pas la nôtre ; le lecteur le sait déjà.

Dans le chapitre suivant, nous abordons ou plutôt nous côtoyons de près certains détails scientifiques, indispensables pour asseoir le jugement du lecteur sur des règles immuables, et pour le mettre en état d'agir plus tard en toute connaissance de cause, avec la sûreté, le discernement, que donne une bonne direction initiale.

Mais je me suis imposé une certaine discrétion dans ces développements, voulant éviter au lecteur la fatigue et l'ennui que produisent toujours de trop longs détails, quelle que soit leur utilité.

Pour plus amples renseignements, un peu secondaires, d'ailleurs, dans ce qui nous occupe ici, on consultera les traités scientifiques spéciaux.

CHAPITRE IV

Comment doit s'exécuter la retouche.

Supposons un négatif irréprochable comme éclairage, dont les lumières soient bien ménagées, les ombres pas trop intenses : le travail est facile; on se borne à effacer les petites inégalités de la peau, à légèrement adoucir les parties toujours un peu dures, telles que le dessous des yeux, du nez, du menton, commençant par la partie la plus éclairée du modèle, qui se trouve être la plus opaque, la débarrassant de toutes les petites taches transparentes.

Pour cela, il faut appuyer la pointe du crayon taillé très fin sur le milieu de la tache, éviter une trop lourde pression pour que la ligne formée ne soit pas plus opaque que les parties avoisinantes, tracer de petites raies les unes à la suite des autres, laissant entre elles le moins d'intervalle possible, en les égalisant, ou bien tourner la pointe du crayon sur elle-même par un mouvement continu toujours dans le sens des taches, et de façon à ce que tout se tienne pour ainsi dire par cercles ou ellipses entrelacés; mais ceci est affaire de goût, et surtout d'aptitude. Ce qui est important, c'est que tout se fonde, s'adoucisse, par la fusion raisonnée des ombres et des demi-teintes, jusqu'à ce que le cliché arrive progressivement à un degré satisfaisant de relief harmonieux. Ce relief est plus difficile à obtenir (s'agissant d'un portrait) lorsque le sujet a la peau très rugueuse, ou couverte de taches de rousseur, etc. Il faut prendre garde, dans ce dernier cas, de ne pas dépasser l'intensité du négatif, et de ne pas revenir à plusieurs reprises sur son coup de crayon : la retouche, alors trop apparente, n'aurait pas la finesse qu'on recherche.

Ces conseils s'appliquent aux clichés parfaits, ou du moins très réussis. Passons maintenant aux clichés défectueux, c'est-à-dire transparents et sans détails s'ils manquent de pose; ternes et plats s'ils sont trop posés; accidentellement voilés; ou bien durs et heurtés, par suite d'un éclairage trop vif.

Quels qu'ils soient, il faut leur faire subir le *nettoyage* préliminaire dont je viens de parler; et je conseille de commencer toujours la retouche au sommet du front et de la terminer à la partie inférieure du visage, en descendant des lumières les plus accentuées aux ombres les plus profondes.

Le front, limité par la ligne d'implantation des

cheveux, affecte diverses proportions en hauteur et en largeur. Chez quelques individus, il est bas et étroit; chez d'autres, large et élevé; quelques-uns l'ont saillant ou bombé. Les saillies ou les dépressions des muscles frontaux expriment sur la physionomie de l'homme ses sentiments ou ses affections, et même certains actes de son entendement. Que le muscle frontal (A, *fig.* 3) soit partiellement contracté, par exemple, il est chez le sujet l'indice infaillible d'une profonde attention. Il laisse, par sa contraction, à côté et au-dessous de lui, une dépression assez sensible, qui se traduit sur le négatif par une transparence ou demi-teinte peu indiquée, mais qu'il faut respecter, afin de conserver à cette partie du visage sa vérité expressive.

Quelquefois, à la partie supérieure du front, on trouve une seule bosse qui surmonte une dépression ou gouttière médiane; cette bosse est ordinairement à peine sensible, et il sera mieux de l'éliminer que de la trop accentuer; mais le plus souvent il existe deux bosses frontales, plus ou moins prononcées et situées au-dessus des arcades sourcillères, dont les extrémités internes, plus saillantes et plus larges, correspondent aux sinus frontaux (B, *fig.* 3). La lumière, dans les ateliers photographiques, venant parfois trop perpendiculairement, glisse sur ces bosses sans les accentuer; il en résulte un aplatissement du front et une expression hargneuse causée par la profondeur exagérée de la gouttière médiane, qui forme une ligne absolument noire, laquelle doit être alors adoucie. De même la partie saillante de ces bosses, surtout de celle qui se trouve du côté de la lumière, doit être mise en relief.

Fig. 3.

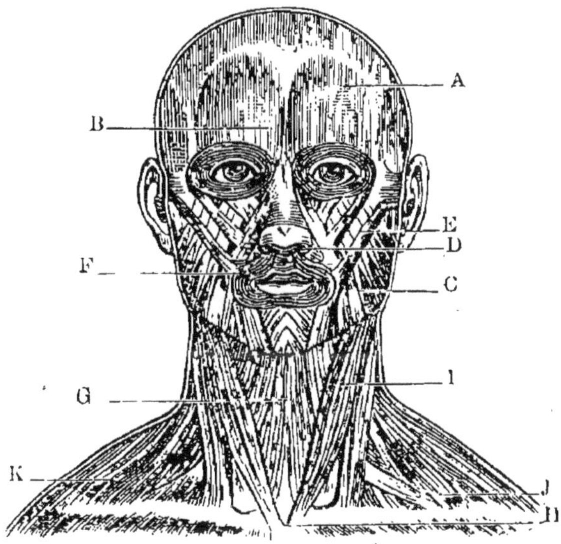

La partie latérale du front se dirige en arrière, et forme le méplat temporal, sur lequel se dessine une ligne courbe, assez saillante chez les hommes maigres, creusée en gouttière lorsque le système musculaire prédomine. Quand le muscle temporal est volumineux (L, *fig.* 4), il proémine sur son insertion; la ligne courbe se traduit alors sous forme de sillon, et à côté se dessine une veine qui doit toujours être éliminée complètement. Le sillon pourra quelquefois être presque effacé, chez des personnes jeunes, à pommettes très développées, car ces proéminences successives donnent à la physionomie une expression dure et grossière.

Fig. 4.

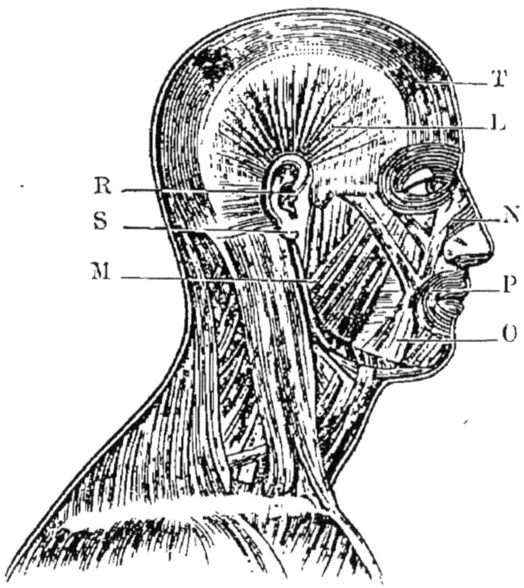

Dans tous les cas, comme ce ne sont pas là des muscles absolument expressifs, il sera toujours bon de les atténuer par quelques petites lignes bien serrées et demi-circulaires.

Les joues servent de transition aux diverses parties de la face; c'est ici surtout qu'il faudra procéder avec précaution et régler son travail suivant la conformation de chaque physionomie. Proéminentes et arrondies chez certains sujets chargés d'embonpoint, elles n'offrent plus les contours gracieux qui embellissent : évitez alors de les arrondir davantage par une couche de crayon trop chargée; atténuez les taches vagues par des lignes allongées; gardez-vous de toucher aux plis sous les yeux, sur le côté des narines; un seul point un peu large sur la pommette, qui sera dans ce cas à peine visible, fera tourner l'ensemble, et l'amincira.

Les joues, saillantes aux pommettes, se creusent légèrement au-dessous de ces éminences; plus bas, elles forment une surface plane au niveau du maxillaire inférieur (C, *fig.* 3). Si l'éclairage trop vif a donné sur la pommette un point trop éclairé, il faudra adoucir les contours de ce point, pour l'harmoniser avec les parties avoisinantes; opérer pour ainsi dire une fusion des trois parties en leur conservant à chacune leur valeur de clair, d'ombre et de clair-obscur; si l'on ramenait, par exemple, la partie creuse au même niveau de demi-lumière que la partie plane, on aurait de la boursouflure, et la ressemblance serait sérieusement compromise. Dans les joues ornées de fossettes, respecter ces dépressions, qui donnent au visage un air tout particulier.

En arrière et devant le pavillon de l'oreille se dessinent les méplats massétérins (M', *fig.* 4), fort développés chez certains individus. Ce sont les muscles expressifs complémentaires de la colère, de la fureur. Dans les poses de profil, et avec des éclairages ordinaires, ces muscles se dessinent d'une façon formidable, et quoique cette conformation n'entraîne pas toujours une exagération du muscle élévateur commun du nez et de la lèvre supérieure (N, *fig.* 4) qui est le complément expressif du pleurer, ce muscle se voit souvent accentué d'une telle manière, que l'expression naturelle est changée en une expression triste, désolée. Dans ces mêmes profils, éclairés au contraire à la Rembrandt, les méplats massétérins, ne se dessinant que vaguement dans la pénombre, en sont de beaucoup diminués, ce qui vaut mieux. Dans les figures rondes et grasses, il sera bon de les accentuer légèrement, pour donner un peu plus de vie, et faire tourner les joues, qui n'ont pas en Photographie, pour corriger leur épaisseur, la ressource du brillant coloris de la nature : je parle toujours des poses de profil, bien entendu, car dans les poses de trois-quarts ou de face, ces muscles sont à peu près invisibles.

En ce qui concerne le muscle élévateur commun du nez et de la lèvre supérieure, il demande à être ravivé, moins cependant que le nez, qui doit le dépasser de beaucoup en lumière; mais il faut au moins l'indiquer (si par hasard il ne l'était pas dans les éclairages simples), soit par quelques coups de crayon, soit, si l'on ne veut pas l'accentuer, en évitant de toucher à la légère demi-teinte formée par la cloison du nez.

Le sommet du nez va se perdre au-dessous de la dépression frontale. Il existe fréquemment en ce point deux lignes qui embrassent le sommet du nez et sont quelquefois très marquées chez les hommes livrés aux travaux intellectuels. Les effacer ou les atténuer est ici affaire de jugement, mais parfois elles caractérisent assez le sujet pour qu'on doive se borner à les adoucir seulement.

Les faces latérales du nez sont triangulaires; elles se confondent avec les joues, en formant deux plans dont l'inclinaison varie; elles se renflent vers leur partie inférieure et prennent le nom *d'ailes du nez*. Si le triangle est trop accentué, il faudra l'arrondir par quelques lignes très fines tracées dans le sens de la longueur du nez; les ailes sont quelquefois aplaties, parce que, étant peu indiquées chez le modèle, un éclairage un peu vif ou une pose trop prolongée ont fait disparaître les courbes semi-lunaires si douces produites par les replis du cartilage nasal; ici, comme pour les pommettes, il convient de dessiner, par petits pointillés très rapprochés et très légers, une touche opaque, allongée et vague dans ses limites, qui donnera à la courbe son relief perdu.

Le dos du nez, dont l'épaisseur est très variable, est formé par la réunion des faces latérales de l'organe; il s'étend depuis la dépression frontale jusqu'à l'extrémité antérieure du lobe. Tantôt pointu, tantôt arrondi ou tronqué, le lobe est divisé en deux lobules, très apparents chez certains sujets et qui correspondent aux deux cartilages (D, *fig.* 3). Dans ce cas, il faut tâcher d'enlever complètement le creux formé par les deux lobés, c'est-à-dire fondre entre eux les deux points blancs qui les dessinent, non pas de façon à former une surface élargie et aplatie, mais de telle sorte que le nez n'ait pas l'air d'être fait de deux morceaux juxtaposés, aspect que présentent souvent, dans le cas particulier qui nous occupe, les épreuves positives de clichés non retouchés.

Lorsque le dos du nez est très arrondi, ou un peu large, on peut l'amincir en dessinant son angle invisible au moyen d'une ligne hardie sur la partie supérieure et d'une autre qui la suit immédiatement sans la joindre et se termine par un point un peu élargi dessinant le lobe éclairé, tandis que l'autre lobe, presque perdu dans la pénombre, reste indistinct, à moins qu'une pose, absolument de face, ne nécessite l'accentuation presque égale, et presque aussi légère, de l'un et de l'autre lobe.

Il y a aussi les nez déformés : ceux-ci, au lieu de descendre perpendiculairement sur la bouche, se contournent à droite ou à gauche; la déformation s'indique par un point lumineux très fort au-dessus d'une ombre profonde. L'opérateur peut, il est vrai, éviter en partie cette accentuation par l'éclairage et la pose, mais, si elle est visible, il faut y remédier en comblant absolument le creux. Je ne puis entrer dans des détails opératoires qui me conduiraient trop loin; mais je ferai observer en passant que la hauteur à laquelle est placé l'objectif lors de l'impression de la plaque est d'une importance fort grande. On accuse souvent la retouche de fautes dont elle n'est pas complètement responsable. Je me bornerai à dire que, pour les nez un peu longs, l'objectif doit être placé aussi bas que possible, pour que la gouttière de la lèvre supérieure soit visible, au moins en partie. Pour les nez retroussés, l'objectif, placé à un point plus élevé, allonge la ligne perpendiculaire, diminue l'exagération des ouvertures des narines et donne à l'organe un forme beaucoup plus correcte. Il faut accentuer le lobule de la lèvre supérieure, remonter ou descendre le bord, dont l'épaisseur varie considérablement, suivant que la lèvre sera trop mince ou trop grosse. La lèvre inférieure vient s'adapter exactement à la supérieure; mais leur réunion forme une ligne transparente qu'il sera bon de masquer, si l'on emploie certains éclairages; la membrane qui tapisse les lèvres est sujette à se rider et à se fendiller; il faut enlever absolument ces rides, ces gerçures, et rendre cette membrane aussi lisse que possible. Les bords des lèvres, on le sait, s'amincissent graduellement depuis le centre jusqu'aux commissures; là elles disparaissent dans deux dépressions fortement indiquées par le sourire, plus encore par le rire, pour aller se perdre sur les côtés du menton. C'est à cette place que se dessinent, chez les personnes âgées, des rides profondes qu'on doit enlever en partie, sans les confondre avec ces dépressions (O et P, *fig.* 4) qui traduisent à l'extérieur la réunion de l'orbiculaire des lèvres et du triangulaire du menton.

La configuration du menton est très variable ; un sillon plus ou moins creusé le sépare de la lèvre inférieure : il faut combler ce sillon, pour diminuer la proéminence du menton, surtout chez les personnes grasses, qui ont à cet endroit une petite fossette, dont il ne faut pas faire un trou ; laisser aussi s'accentuer le pli produit par cet affaissement de la peau, formant ce qu'on appelle le *double menton*. Si ce pli était fondu avec le premier, la figure s'en trouverait allongée et grossie ; on doit s'attacher, au contraire, à ne pas trop charger de retouche cette partie, afin de la laisser le plus possible à l'arrière-plan.

Je dirai peu de chose des yeux, conseillant de n'y pas toucher pour ne pas en altérer l'expression. Certains retoucheurs ont la funeste habitude de creuser avec une aiguille, dans la pellicule de collodion, un trou rond, laissant à nu le verre pour dessiner, prétendent-ils, la prunelle ; exagération ridicule qui donne une expression étonnée, hagarde, idiote, même sans parler du contraste insupportable que cela occasionne, dans les yeux bleu clair principalement.— Il faut se contenter d'accentuer, si c'est nécessaire, les points visuels trop faibles, indiquer celui qui manque quelquefois dans l'un des deux yeux, et dessiner autour du disque de l'œil une ligne sèche et fine, pour donner plus d'éclat et faire tourner la sclérotique, qui ne conserve pas dans les épreuves photographiques son aspect brillant, et se traduit en une teinte trop semblable au reste de la figure.

Les paupières enferment le globe oculaire dans un ovoïde dont les extrémités produisent deux angles : 1° l'angle externe, très aigu, se continue en un sillon qui va se perdre sur la tempe au milieu de plis plus ou moins nombreux et profonds, suivant l'âge, et auxquels on a donné le nom de *patte d'oie;* si l'on conserve à l'ovoïde ce sillon un peu allongé, le regard paraît plus profond et l'œil beaucoup plus grand; c'est un embellissement que la retouche peut effectuer, surtout chez les femmes; mais il faut s'efforcer d'éliminer presque entièrement les plis qui l'avoisinent, du moins chez les sujets d'un âge un peu douteux; 2° l'angle interne est la réunion des bords palpébraux, et prend la forme d'une anse, qui embrasse la caroncule lacrymale; il se continue par une gouttière très profonde chez les malades ou les individus fatigués par les veilles où les plaisirs excessifs; il est prudent d'en diminuer la profondeur et l'étendue.

Enfin, dans les profils, on fera ressortir vivement la saillie zygomatique (R, *fig.* 4), qui prend naissance à la pommette, se rétrécit peu à peu et disparaît au niveau du conduit auditif. Ce muscle sera éliminé chez les femmes, et toujours adouci chez les hommes, car il donne à l'ensemble de la tête un aspect peu régulier.

Je crois inutiles d'amples détails sur les muscles de l'oreille; ses courbes effilées, élégantes, limitent heureusement les côtés de la face; et, quoiqu'il en existe une infinité de formes, les différents plis qui composent l'oreille sont presque toujours identiquement disposés. On ne pourrait, du reste, en changer les données, si ce n'est pourtant la forme du lobe ou mamelon, plus ou moins prononcé, qui la termine inférieurement (S', *fig.* 4). Ce lobe est quelquefois flasque et pendant, surtout chez les femmes qui ont fait un usage constant de bijoux trop lourds. Si cette partie se détache opaque sur des cheveux noirs, on pourra la diminuer à volonté par l'éraillement à l'aiguille; si, au contraire, elle se détache dans l'ombre sur des cheveux blancs ou blonds, il sera plus facile encore, par un pointillé au crayon ou au pinceau, de la ramener à de gracieux contours.

Je ne puis non plus entrer dans l'énumération de cette infinité de protubérances que laisse voir la calvitie, depuis la bosse pariétale jusqu'à la bosse occipitale; suivant les phrénologistes, chacune de ces bosses est l'indice de telle ou telle qualité de l'âme ou de l'intelligence; il faut donc se garder de les effacer entièrement.

Les rides frontales (T, *fig.* 4) sont dues à la contraction du muscle occipito-frontal, qui même élève le sourcil en tirant un peu en dehors son extrémité interne : il faut combler ces rides, produites, la plupart du temps, par l'effort que font certaines personnes, durant la pose, pour tenir leurs yeux grands ouverts en dépit de la forte lumière qui les fatigue.

Enfin, le grand et le petit zygomatiques (E et F, *fig.* 3) impriment à la lèvre une traction vive, font saillir la joue, et creusent le sillon labial lorsque le sujet sourit trop, ou s'efforce de conserver un air souriant pendant un trop grand laps de temps; il va sans dire qu'il faut alors diminuer un peu l'accentuation du sillon labial.

Les expressions varient à l'infini, tandis que la conformation reste au fond identique; les indications précédentes suffisent donc à faire comprendre le mécanisme de la face humaine, et permettent de remédier aux contractions exagérées et accidentelles des muscles principaux; toute la difficulté est de distinguer exactement ces contractions.

Le cou prête un puissant appui à la grâce de l'ensemble. En avant, sur la ligne médiane du cou, le cartilage thyroïde du larynx (G, *fig.* 3) fait une saillie très prononcée connue aussi sous le nom de *Pomme d'Adam*. Il faut adoucir ce vide, très marqué surtout chez les vieillards, dont la peau du cou, très pendante, forme aussi deux larges plis, qu'on doit de beaucoup diminuer.

A la région moyenne du cou se trouve la fosse sus-sternale (H, *fig.* 3). Cette dépression, très indiquée chez les sujets maigres, est parfois à peine visible chez d'autres; elle est due à la saillie du faisceau antérieur du muscle sterno-mastoïdien (I, *fig.* 3) et à la position avancée du sternum; enfin la saillie claviculaire (J et K, *fig.* 3), toujours très visible, suit une direction oblique de dedans en dehors et d'avant en arrière.

Indiquer ces quelques muscles du cou, les plus apparents, me paraît chose suffisante, car, dans les portraits d'hommes, la coupe du vêtement les cache toujours; ils ne se montrent quelquefois que chez les femmes dont les costumes de soirée laissent les épaules à découvert. On les accentuera modérément chez les personnes grasses, car l'absence complète de ces muscles enlève au cou ses lignes gracieuses et donne à la pose un aspect raide et guindé. Chez les femmes maigres, au contraire, ils sont trop apparents, s'accusent d'une manière sèche, et doivent être adoucis. On ramènera donc aux courbes classiques des épaules trop plates, qu'on peut ainsi facilement embellir.

Ai-je besoin de dire qu'il faut se garder d'accentuer de la même façon que celle d'un homme fait la tête d'un jeune enfant, dont la peau blanche, veloutée, est presque uniforme, et dont la structure n'est pas encore achevée? Il faut adoucir le plus finement possible les ombres produites par la saillie du front, développée outre mesure à cet âge; arrondir les joues, un peu tombantes; enfin, délimiter les lèvres et conserver avec soin au menton sa finesse, sa rondeur et son modelé.

C'est ainsi qu'il faut opérer, si l'on veut conserver aux âges, aux physionomies, leur aspect propre et leur caractère : opposant aux muscles puissamment indiqués de l'homme les lignes douces et harmonieuses de la femme, les traits un peu vagues de l'enfant. Ce sont là des principes fondamentaux dont il ne faut pas s'écarter, se rappelant qu'en retouche il est mieux de rester en deçà du but que de le dépasser, l'effet produit étant beaucoup plus acceptable dans le premier que dans le second cas.

Règle générale : tout ce travail doit se faire avec la plus grande légèreté, et non s'accuser d'une manière sèche; à certaines places, sans pression de la main, par le poids seul du crayon, on obtient l'effet recherché; quelques lumières s'indiquent plus hardiment à l'aide de lignes serrées, évitant surtout de procéder par hachures trop régulières. La retouche doit diminuer d'opacité à mesure que l'on approche davantage du bas de la figure : le sommet du front, l'arcade sourcillère, l'arête du nez, la pommette, seront les parties les plus forcées en lumière; la cloison du nez, les coins de la bouche et la joue resteront dans une demi-teinte assez marquée; l'orbiculaire des paupières, la gouttière de la paupière inférieure, enfin le dessous du menton seront plus ombrés.

Il est bon de s'habituer à considérer son cliché à des distances différentes, mais jamais de trop près, car on ne peut juger alors de l'intensité de la retouche et de l'harmonie générale. Beaucoup de retoucheurs, quelle que soit la dimension d'une tête, ne peuvent jamais la regarder d'assez près; le corps penché en avant, le cou tendu dans une position des plus fatigantes, ils travaillent les yeux presque à la hauteur du crayon, s'enlevant ainsi la possibilité d'apprécier l'effet général; leur retouche, faite par plaques, par morceaux détachés, peut avoir, sur le négatif examiné à la même distance, un aspect fin, léché, uni, mais n'a pas l'étoffe nécessaire pour paraître telle sur l'épreuve. Aussi, quel désappointement éprouvent-ils de la trouver si loin de ce qu'ils attendaient! quel aspect sale, vague, à moitié fait, inexplicable, après tant de soin et d'application! Eh! précisément, voilà l'erreur: on s'est trop appliqué. Un peu plus de hardiesse dans le coup de crayon, plus d'ampleur dans l'exécution, et, avec moins de peine, les résultats seront tout autres. Mais, pour cela, il est indispensable de s'éloigner de son cliché à la distance qu'exige l'œil pour embrasser naturellement l'ensemble qui lui est soumis.

Souvent il arrive que le crayon, même le plus mou, le plus noir, ne suffit pas à adoucir certaines ombres excessivement transparentes; on pourra essayer d'en tremper la pointe, soit dans la liqueur à dépolir, soit dans l'acide acétique, soit dans du vernis ordinaire; dans ce cas, il faut choisir une mine très dure, enlever l'excès de liquide, et crayonner assez franchement pour éviter d'y revenir à plusieurs reprises. Si ces moyens ne produisaient pas encore l'opacité voulue, on se servirait d'un pinceau et d'encre de Chine. On agira par pointillé très fin et très serré, le pinceau peu chargé de couleur, presque sec; s'il en était autrement et que la couleur fût employée humide, le ton de la retouche changerait par le séchage, et le pointillé serait grossier, en même temps qu'il aurait coûté du temps et de la peine.

Les clichés longuement renforcés à l'acide pyrogallique présentent des difficultés sérieuses à cause de la grande opacité des blancs et de la transparence trop dure des noirs. Il en est de même de ceux obtenus avec un bain d'argent faible ou dont le temps de pose n'a pas été suffisant. On peut remédier en grande partie à ces inconvénients, et voici comment.

La retouche sera d'abord, comme d'habitude, exécutée sur ceux-ci avec un crayon très noir. On reviendra, comme je l'ai indiqué, sur les parties trop transparentes au moyen du pinceau et d'encre de Chine, puis on nettoiera avec soin le dos du négatif, pour y verser, comme si l'on collodionnait, l'une ou l'autre des liqueurs suivantes.

N° 1

Gomme sandaraque.		30	parties.
— mastic.		30	—
Éther sulfurique		500	—
Benzole pure.	de 250 à	300	—

La proportion de benzole détermine la nature du grain obtenu. Une trop grande quantité précipite les gommes; on doit donc essayer entre chaque addition.

N° 2

Éther sulfurique		125	parties.
Benzole pure.		65	—
Alcool		15	—
Gomme sandaraque.	de 8 à	12	—

Les gommes sont toujours dissoutes dans l'éther.

Une fois sèche, la couche sera mate, blanche, uniforme, légèrement grenue, ressemblant exactement au verre dépoli le plus fin. Le crayon, prenant bien sur cette surface, facilite l'amélioration du négatif. Du reste, une retouche sobre au dos des clichés donne aux épreuves, par l'épaisseur même du verre, une grande douceur.

On reviendra particulièrement dans les endroits qu'il n'aura pas été possible de terminer sur le

5

côté du collodion; dans les cheveux, par exemple, ou la barbe, on accentuera quelques mèches ou quelques lumières; les barbes ou les cheveux de couleur rousse, que l'opérateur n'aura pas eu le soin de *poudrer* avant la pose, se traduisent par des plaques absolument noires et sans presque aucun détail; on peut, en les couvrant, en retarder l'impression lors du tirage et ainsi les ramener vers la teinte de la nature et harmoniser l'éclairage; sous les yeux, le nez, etc., on procédera de même, en masquant les ombres, toujours trop forcées dans ces sortes de négatifs; et par contre, si le front, la joue, même tout le côté éclairé, est trop blanc, avec la pointe d'un canif on enlèvera le vernis à cet endroit pour faciliter l'impression; les bords seront arrêtés mollement, afin d'éviter toute démarcation sur l'épreuve; pour cela, on peut denteler les contours, les découper inégalement. On arrivera ainsi à tirer parti du plus mauvais cliché, puisqu'on peut de la même façon procéder à l'éclairage des vêtements : avec une estompe fine enduite de plombagine, on passe sur toutes les parties éclairées, et, après avoir suivi avec soin les plis indiqués, en appuyant la pointe de l'estompe sur le milieu du pli à accentuer, il ne reste plus qu'à fondre l'ensemble avec une estompe plus grosse et très propre.

Tout cela peut être fait encore en manière de lavis avec un pinceau un peu fort humecté d'encre de Chine; les résultats étant identiques, le retoucheur n'a qu'à choisir le moyen qu'il a le mieux en main.

Si le négatif était tellement faible et léger, que le vernis mat fût impuissant à produire l'opacité nécessaire, on se servirait d'un vernis de couleur jaune foncé, cette teinte ayant, on le sait, la propriété d'être difficilement traversée par les rayons lumineux. Ce même vernis mat, dans lequel on ajoutera quelques gouttes d'une solution d'iode dans l'alcool, remplira parfaitement le but; la couche sera plus ou moins actinique suivant sa teinte plus ou moins foncée, et les retouches se feront sur elle comme précédemment, adoucissant parfois le lavis au moyen d'un léger tamponnage avec le bout du doigt.

On peut remplacer, dans ce cas, le vernis mat par le vernis ordinaire à l'alcool, additionné de quelques gouttes de solution d'iode, et étendu à froid.

Un autre moyen, attribué à M. Luckhardt, de Vienne, consiste dans l'emploi d'une couleur rouge à l'aniline (fuchsine), dissoute dans l'alcool. On verse quelques gouttes de cette solution, suivant la teinte requise, dans une certaine quantité de collodion normal bien décanté; ce mélange est passé, comme il vient d'être dit, sur le dos du négatif, et, lorsqu'il est sec, on enlève à la pointe les endroits où il faut de la transparence. On ne peut ainsi masquer que par teintes plates, car la pellicule ne se laisse pas retoucher; en outre, elle est peu résistante et se raye facilement au tirage; cette méthode me paraît donc avantageusement remplacée par les deux vernis ci-dessus indiqués, sur lesquels le crayon ou l'estompe prennent facilement, et qui acquièrent en outre une grande solidité. Cependant, qu'on se garde d'en abuser: ces vernis à l'iode, notamment, ne doivent s'employer que dans des cas exceptionnels, pour de très mauvais clichés; le vernis blanc, renforçant les négatifs un peu faibles ou manquant d'éclat, serait inutile sur ceux qui possèdent déjà par eux-mêmes toute la valeur désirable. Plus encore que pour les vernis, j'insiste sur l'usage modéré, judicieux, de l'estompe: c'est une ressource dont certains retoucheurs ont fait une habitude; c'est commode, expéditif; on voit son modèle se transformer comme par magie; mais, ce que l'on voit aussi plus tard, c'est cet aspect mou, vague, cotonneux, des épreuves, qui enlève au meilleur cliché toutes ses qualités de finesse, d'éclairage, de netteté; à la face, sa conformation; à la physionomie, ses lignes expressives, et donne à l'épreuve un aspect antiartistique, contribuant ainsi pour une large part à la dépréciation systématique contre laquelle ne cesse de se heurter le talent du retoucheur le plus classiquement expérimenté, s'il m'est permis d'employer ce mot pour rendre toute ma pensée.

Les bras et les mains, sujets aux mêmes inégalités, aux mêmes taches superficielles, que la figure et le cou, doivent être traités de la même façon; il est utile d'effacer les veines que la Photographie exagère dans ces parties, presque toujours placées au premier plan, et d'indiquer quelques lumières pour arrondir les bras, dont on peut aussi corriger la maigreur en les élargissant par une ligne opaque en rapport avec l'éclairage et la densité du cliché dans cette partie; il est quelquefois suffisant de combler certaines dépressions trop marquées, qui altèrent la forme du membre. On peut encore donner satisfaction à certaines exigences de coquetterie en amincissant les tailles un peu fortes; c'est facile, soit au crayon ou au pinceau, si la robe se détache par transparence; soit par pointillé à l'aiguille, dans le cas contraire. Cette correction, bien entendu, doit être imperceptible : sinon, le remède serait pire que le mal. Vers les épaules, sur la poitrine, autour des bras, la mauvaise confection d'un vêtement produit des plis disgracieux, qu'il est bon de corriger.

Les vêtements d'étoffes minces, brillantes et cassantes (comme le satin et la soie), ne doivent pas être touchés, leurs reflets donnant des oppositions déjà trop fortes; mais les étoffes claires, de couleur bleue, violette ou blanche, venant trop uniformément, il s'y voit une infinité de demi-teintes, tandis que les lumières franches y sont peu ou point indiquées; on doit sans crainte les renforcer vigoureusement, au crayon dans les détails (côté du collodion), et même à l'estompe (sur le vernis mat).

Enfin, le négatif étant amené à ce degré de correction que les défectuosités du modèle exigeaient, il reste un dernier petit travail à exécuter avant de le livrer à l'impression : c'est le repointillage, autrement dit l'enlèvement de ces points transparents dont les clichés sont plus ou moins piqués, et qui proviennent de bien des causes, entre autres: blaireautage insuffisant de la plaque, collodion mal décanté, bain d'argent chargé d'iodure, poussières, etc. Ces points, suivant leur transparence et leur étendue, s'enlèvent au crayon ou au pinceau humecté d'encre de Chine presque sèche. On arrive aisément à rendre ces petites corrections tout à fait invisibles.

Les fonds montrent encore souvent des taches vagues, des rayures transparentes occasionnées par le mauvais nettoyage de la plaque ou autres défauts de manipulation; on les ramènera à la teinte générale en y promenant le crayon dans tous les sens.

Quant aux éraillures accidentelles, comme il en arrive parfois au tirage, on les rebouche aisément en pointillant au pinceau, ou, lorsqu'elles sont très fines, en y passant avec le doigt une petite quantité de plombagine.

Il existe encore un mode de retouche, dit *à l'ai-*

guille, celle-ci étant employée au lieu et place du crayon en guise de brunissoir, soit sur gomme directement, soit sur vernis mou. La qualité qu'on se plaît à attribuer à ce mode d'opérer est la facilité, la rapidité d'exécution ; on en jugera mieux après explication ; voici en quoi consiste ce procédé :

On monte sur bois, et de biais, une aiguille à pointe arrondie, avec laquelle on exécute le travail de la même façon qu'avec le crayon ordinaire : le frottement de l'acier produit une trace opaque à peu près suffisante sur gomme (mais non sur vernis). Si l'on travaille sur le vernis, il faut enduire cette pointe de plombagine. Comme on le voit, le travail reste identiquement le même, avec la peine en plus, sur vernis *toujours*, sur gomme *très souvent*, de charger son aiguille de ce qui est la substance même du crayon, la mine de plomb. A quoi sert alors cette substitution d'outils d'ailleurs semblables et comment y trouve-t-on un moyen rapide ? D'ailleurs, beaucoup de connaisseurs affirment, et nous en pouvons dire autant, n'avoir jamais vu ce moyen produire de résultats particulièrement satisfaisants.

Serait-ce pour obtenir plus de finesse par hasard que quelques retoucheurs se servent, dans le même cas, d'un simple morceau de bois taillé en pointe ? Mais ce n'est là qu'une pure fantaisie.

CHAPITRE V

Reproduction. — Vues. — Positifs. — Agrandissements.

§ I. *Reproductions.* — Les négatifs obtenus d'après des épreuves photographiques n'ont plus la finesse des clichés directs, parce qu'ils reproduisent les inégalités du papier et les taches de l'original. Ces taches, souvent peu visibles, mais de teinte antiphotogénique, telles que les piqûres jaunâtres produites par l'insuffisance des lavages, impressionnent à peine la couche sensible, la laissant transparente, et se traduisent sur l'épreuve en points noirs très accentués. Le travail est ainsi réparti sur toute la surface, qu'il faudrait dépolir entièrement; dans ce cas, on se trouvera mieux de se servir d'un vernis recevant le crayon (*voir* les formules données p. 11). Il faut éviter de vernir trop longtemps à l'avance, afin de travailler plus facilement. On doit, du reste, viser plus à l'effet qu'à la finesse, qui doit être proportionnée à la dimension de la copie, car il est à peu près impossible, même à l'aide d'un crayonnage excessivement compliqué, de parvenir à faire disparaître toute trace du grain général. Il est très important de ne pas travailler de trop près ; c'est ici surtout qu'on se perdrait dans d'inutiles détails. La tête, les mains, tout ce qui est chair, doit être finement nettoyé, mais non aussi finement qu'on pourrait le faire, afin de conserver un ensemble homogène ; éclairer les blancs, remonter les détails toujours dans le même rapport, et, pour ne pas s'égarer, consulter l'original, qu'il est bon de garder sous ses yeux.

Si le négatif est trop gris et que le crayon ou le pinceau ne puisse, sur le collodion, produire le résultat désiré, on aura, comme précédemment, recours au vernis mat, sur lequel on achèvera l'effet.

Les reproductions de daguerréotypes offrent moins de difficulté ; les négatifs sont exempts de tout grain, les plaques d'argent présentant à la lumière une surface extrêmement polie ; on se bornera donc à adoucir et modeler.

Il pourrait arriver que le personnage se détachât mal du fond, y parût plaqué pour ainsi dire ; la copie gagnerait alors à des contrastes plus accentués. Voici ce qu'on pourra faire : Si le fond semble trop noir et qu'on veuille l'obtenir plus clair, on passera au dos du négatif une couche de vernis mat, teinté ou non, suivant les besoins ; on laissera évaporer quelques instants, et, avant dessiccation complète, on découpera à la pointe du canif la silhouette du personnage; sur celui-ci, on enlèvera le vernis, n'en laissant que sur le fond, rendu ainsi plus opaque. La silhouette découpée doit prendre plutôt sur le sujet que sur le fond, c'est-à-dire qu'il vaut mieux laisser une petite ligne de vernis sur le sujet que d'en enlever au delà, parce que la lumière se glisse sous la couche opaque en traversant l'épaisseur du verre.

Si, au contraire, on désire transformer un fond trop blanc en un fond complètement noir, ou enlever des accessoires d'un vilain effet, je recommande le moyen suivant : Placer le négatif sur le pupitre à retoucher, et, à l'aide d'une aiguille adaptée à un manche, suivre les contours du sujet aussi exactement que possible, en éraillant sur le passage de l'aiguille la couche de collodion; la ligne transparente ainsi tracée doit plutôt, cette fois, s'écarter un peu du modèle que mordre sur lui. Si la pose est de profil ou de trois quarts, autrement dit si les traits se détachent sur le fond, l'opération devient fort délicate et réclame une très grande attention : il faut procéder hardiment, le bras et la main solidement appuyés. Autour des cheveux, de la barbe, la couche est éraillée en dentelures fines, irrégulières; les contours des vêtements ou des accessoires à respecter nécessitent, du reste, bien moins de précautions.

L'aiguille ayant ainsi contourné tous les bords, avec une pointe un peu plus grosse on élargit sur le fond la ligne finement dessinée pour en faciliter l'enlèvement à grands coups avec une lame plus large.

Tout cela doit se faire de préférence sur la pellicule de collodion simplement séchée, et même, si l'on veut, gommée, pour plus de sûreté, avec :

Gomme arabique en grains	12 parties.
Eau.	100 —

Le négatif, fixé et lavé, est recouvert de cette solution.

Mais on peut avoir affaire à des clichés déjà vernis, ce qui est regrettable, l'opération offrant plus de difficulté à cause de la résistance du vernis et du danger de le voir s'écailler sous l'aiguille au delà de la ligne voulue; on termine, dans ce cas, en nettoyant soigneusement le fond avec quelques gouttes d'alcool, pour le débarrasser de toute impureté.

Ces précautions prises, on adoucira les contours, la pointe de l'aiguille n'ayant produit que des bords beaucoup trop secs, qu'il est indispensable de fondre; on les pointillera donc tout autour à l'encre de Chine, en mordant un peu sur le fond et laissant entre chaque point un très petit intervalle; ces points seront d'autant plus fins et plus serrés qu'on se rapprochera davantage de la tête; autour des cheveux, on disposera de petites lignes qui termineront ou relieront entre elles les mèches trop courtes ou trop pointues, etc.... Ce pointillage ne doit pas être négligé ; il demande autant de soin que le découpage à l'aiguille; c'est lui qui donne aux épreuves cet aspect doux et un peu vague dans les contours qui les rapproche davantage de celles obtenues sur fond directement.

Le négatif ainsi traité sera recouvert par derrière d'une couche de vernis mat blanc ou teinté suivant l'effet à produire, mais l'un des deux est toujours indispensable pour donner à la silhouette plus de douceur et au fond moins de crudité.

Cette méthode me paraît de beaucoup préférable à la méthode employée jusqu'à présent, qui consiste en ceci : recouvrir le fond tout entier de couleur jaune foncé délayée avec un peu de glycérine, après avoir, au pinceau, suivi les contours du sujet, puis laisser sécher. On obtient ainsi au tirage une épreuve dont le fond est complètement blanc, et l'on découpe dans celle-ci la silhouette, qui sert alors à teinter les épreuves suivantes. C'est ennuyeux et compliqué : d'abord, on arrive difficilement à teinter sans démarcations blanches ou noires; blanches elles nécessitent un repointillage très long; noires, elles sont ineffaçables; de plus, étant obligé de recommencer pour chaque épreuve, on obtient rarement un tirage régulier.

Il y a moyen aussi de changer les fonds, de leur

donner l'aspect de fonds cintrés, en blanchissant fortement un des côtés. La lumière s'indique évidemment du côté ombré du modèle, assez forte près de la figure, se dégradant vers les bords, pour se fondre au-dessus de la tête avec le côté foncé, sans aucune démarcation. Cet effet, aussi bien applicable à tous clichés, directs ou autres, s'obtient avec une estompe un peu forte ou un tampon de coton enduit de plombagine étendue sur le vernis. Il donne aux portraits beaucoup d'air, de profondeur, et un aspect des plus artistiques.

Le retoucheur intelligent qui sait en temps opportun se servir de ces divers procédés, bien simples, obtient des résultats surprenants; je ne prétends pas dire qu'il puisse arriver avec de mauvaises choses à produire des œuvres d'art, mais il est des cas où le photographe, industriel ou artiste, ne néglige rien pour se tirer à son avantage de certains travaux qu'il ne peut refuser. Du reste, ce que je viens d'expliquer pour les reproductions en particulier peut s'appliquer à tous les clichés défectueux en général; dans certains cas, on sera bien aise de rendre, sinon parfait, du moins satisfaisant, grâce à l'un ou l'autre de ces moyens, un négatif précieux, que l'on eût regardé sans cela comme hors d'état de fournir une épreuve présentable, même en lui faisant subir lors du tirage les manipulations les plus compliquées.

§ 2. *Vues.* — Dans les paysages, le ciel du négatif

peut quelquefois n'être pas assez clair, suivant le moment où l'on a opéré; les détails des monuments ou du feuillage sont peu apparents; un ciel un peu plus opaque améliorerait tout l'ensemble et lui donnerait plus de relief. Voici ce que l'on fera : le cliché une fois verni et séché, on passera en dehors des contours du monument ou du paysage une ligne de couleur jaune, en observant bien tous les détails sans en couvrir aucun. La couleur jaune se délaie avec un peu de gomme et de glycérine. Les contours nettement arrêtés, on couvrira le reste avec un pinceau plus gros; il sera prudent de passer une couche semblable au dos du cliché pour le cas où la couleur, employée trop claire, laisserait passer la lumière lors de l'insolation : je conseille, du reste, de l'employer peu épaisse, car autrement elle s'écaille par les fortes chaleurs, en traînant avec elle la pellicule de collodion.

Une préparation excellente pour ce genre de travail est le vernis noir de Bate (*Bate's black varnish*), qu'il est aisé de se procurer; il remplit parfaitement le but, il *couvre* bien, s'étend avec facilité et n'est susceptible de s'écailler par aucune température.

La formule suivante est aussi très bonne :

Essence de térébenthine.	500	parties.
Bitume de Judée.	50	—
Cire.	20	—
Noir.	10	—

Les pinceaux qui servent à l'étendage de ces préparations se conservent dans une bouteille contenant un peu de térébenthine; il faut les nettoyer avec soin après l'usage; tenir aussi les flacons bien bouchés pour éviter l'évaporation, qui se produit très rapidement.

L'épreuve positive obtenue d'après un négatif ainsi traité aura le ciel absolument blanc, d'un aspect trop dur et peu artistique; on le teinte légèrement au tirage, en laissant la ligne de l'horizon un peu plus claire que les autres parties. Ou bien, si l'on dispose de quelques clichés de nuages, on adapte au sujet celui qui s'y conforme le mieux : l'épreuve y gagne en douceur et en profondeur.

Il est encore possible d'obtenir ces nuages par un seul tirage en les dessinant sur le cliché lui-même. On passe le vernis mat, et, avec une estompe, le goût naturel et l'habitude aidant, on les indique dans les endroits jugés convenables. Il n'est pas nécessaire d'être dessinateur de talent, et l'on sera surpris de la facilité avec laquelle on obtient de charmants effets.

Les fortes lumières, indiquées au pinceau, se fondent en-dessous à l'estompe, en réservant quelques transparences assez vives pour donner plus de rondeur et d'éclat. Si l'estompe a laissé des traces trop opaques, on les diminue en frottant avec un peu de gomme ou de la mie de pain. Inutile de viser à la finesse : l'épaisseur du verre adoucit l'ensemble, et l'harmonie est si vraie, qu'il est à peu près impossible de savoir, en voyant l'épreuve, si nuages et sujet ont été obtenus ensemble sur le négatif. Par cette méthode, aussi, on ne risque pas d'endommager les contours, ou de les durcir, et l'on évite l'ennui d'un double tirage, ce qui est grandement à considérer, surtout pendant l'hiver.

Dans les paysages comme dans les portraits, les ombres lourdes provenant, soit du manque de pose, soit d'un développement mal conduit, seront adoucies. Dans les feuillages obtenus par un grand soleil, les arbres du premier plan manquent parfois de détails, tandis que ceux plus éloignés sont rendus avec une finesse excessive; les épreuves offrent à l'œil un aspect désagréable, l'opposition étant trop accentuée entre les différents plans; il convient donc de donner quelques lumières, de figurer des feuilles, du côté du collodion, à l'aide d'un pinceau peu pointu et d'encre de Chine ou de bleu ; on les place en se guidant par les éclaircies déjà existantes. Il est difficile de distinguer les parties ainsi dessinées de celles impressionnées naturellement.

Dans les clichés d'effets de neige, ou ceux de nuages fortement éclairés par le soleil, on peut à volonté, par le moyen déjà connu, donner aux blancs le brillant qui leur manque, et ramener à des tons plus doux et plus harmonieux les parties trop durement ombrées.

§ 3. *Positifs.* — Les positifs, portraits ou vues, devant servir à l'obtention des négatifs agrandis, doivent être aussi parfaits que possible. Pour cela, il sera souvent nécessaire de les soumettre à des retouches, qui faciliteront celles du grand négatif.

Par le positif, nous voyons l'épreuve ; tout ce qui est ineffaçable sur le négatif pour cause d'opacité, étant ici transparent, peut être entièrement effacé, ou simplement atténué, suivant qu'on le juge convenable.

Deux méthodes très distinctes sont en présence pour la production du positif : l'une, la plus ancienne, et encore la plus répandue, consiste à faire, d'après le petit négatif original, un positif de même grandeur, quelquefois plus petit, sous le prétexte d'en augmenter la netteté ; l'autre, à produire immédiatement un positif de la dimension exacte que doit avoir l'épreuve finale, et d'en obtenir un négatif par l'impression au charbon, l'image étant développée sur glace comme support définitif.

Étant donnée la première méthode, je suis d'avis qu'il ne faut retoucher ni le petit négatif ni le positif, et celui-ci d'autant moins qu'il sera plus petit. La raison en est facile à comprendre. Si fin que soit le pointillé de la retouche, il ne l'est jamais assez pour supporter l'agrandissement, et occasionne, malgré son grain presque imperceptible sur le petit cliché, une trame très grossière sur le grand, dont le modelage se complique alors de la peine à prendre pour rentrer dans le premier travail.

Dans la seconde méthode, c'est tout différent. Le positif représentant absolument l'épreuve définitive, puisqu'il en a même la dimension, est susceptible de recevoir toutes les améliorations que celle-ci réclame. Le goût sera ici le meilleur guide et pourra s'exercer à l'aise, puisque l'effet est direct, qu'on en juge à chaque correction et que tout restera tel qu'on le voit.

On se servira, suivant les besoins, de tous les moyens précédemment indiqués, ainsi que de ceux décrits plus loin comme particulièrement applicables aux agrandissements.

Il est facile de se convaincre, et cependant on suppose généralement le contraire, qu'on peut très bien parvenir à produire des agrandissements de beaucoup supérieurs aux originaux. Qu'il s'agisse d'agrandir un négatif excessivement dur, le positif possédera les blancs et les noirs, on y dessinera les demi-teintes; si, au contraire, on agrandit un négatif gris, le positif n'a que des demi-teintes, on y accentue les ombres, et, plus tard, sur le négatif, les lumières.

Ainsi donc, on voit, en résumé, qu'ayant la faculté de donner les ombres et les demi-teintes sur les positifs, les blancs sur les négatifs, l'artiste arrive entièrement au résultat qu'il désire.

Si le positif exigeait une retouche disséminée

sur toute la surface, il vaudrait mieux le gommer, car sa conservation importe moins après l'obtention du cliché définitif; si le travail est peu compliqué, un vernis à retoucher sera suffisant.

Je ne crois pas inutile de donner à cette place quelques indications sur le choix de la méthode qui produit les meilleurs agrandissements, et je ne saurais pour cela mieux faire que d'extraire quelques passages d'une note communiquée par M. G. Croughton à la Société photographique d'Édimbourg [1].

L'auteur passe en revue les divers procédés pour obtenir des positifs par contact : à l'albumine iodurée, aux émulsions, au charbon, puis il continue :

> Lorsque le négatif original est bon, que le photographe ne se trouve pas être habile retoucheur et qu'il ne peut, par conséquent, perfectionner le résultat par un travail judicieux, je conseille les positifs au charbon; c'est, parmi les méthodes par contact, celle qui donne les meilleurs résultats tout en étant la plus simple et la plus facile dans ses manipulations. Ce qui m'empêche de m'en servir, c'est que : 1° j'ai toujours remarqué que les clichés parfaits ne sont pas une généralité, mais de rares exceptions; 2° neuf fois sur dix, je puis faire subir au grand positif des améliorations que je n'aurais pu apporter ni sur le petit négatif, ni sur le petit positif; 3° le papier au charbon sensibilisé ne se conserve pas; 4° enfin je trouve inutile de perdre tant de temps à attendre l'impression suffisante d'une épreuve au charbon lorsque je puis l'obtenir si rapidement avec la chambre noire. . . . . . . Je fais donc mon positif

[1] Séance du 2 février 1876.

par le collodion humide, tantôt mi-grandeur, tantôt grandeur exacte de l'agrandissement, et, dans ce dernier cas, le grand négatif par le procédé au charbon (*autotype process*).

Je suis complètement de cet avis, ayant sérieusement essayé tous les procédés vraiment dignes d'attention. Celui de M. Croughton est celui qui m'a donné les plus beaux résultats. Faire toujours le positif de la grandeur exacte de l'épreuve définitive et le grand négatif par le procédé au charbon : telle est la règle de notre pratique. Je me sers d'un papier mixtionné, fortement chargé en matières colorantes pour obtenir des noirs plus profonds, et, si cela paraît nécessaire, je fais subir au négatif un léger renforçage au permanganate de potasse, qui, par sa teinte rougeâtre peu actinique, arrive à lui donner l'intensité voulue.

§ 4. *Agrandissements.* — On n'a pas toujours retouché les négatifs agrandis ; on était donc obligé de faire subir à chaque épreuve un long et pénible travail, malgré lequel, du reste, on n'arrivait souvent qu'à des résultats très médiocres. En outre, la retouche étant de nature indélébile et les épreuves aux sels d'argent ne tardant pas, au contraire, à s'altérer et jaunir, l'effet, au bout d'un certain temps, était déplorable.

Il est vrai qu'aujourd'hui beaucoup de photographes, imprimant leurs agrandissements par les procédés au charbon, retouchent sur le tissu même, non pas à la façon des épreuves sur albumine, en pointillant au pinceau par addition de couleur, mais en retranchant, au contraire, au moyen d'un grattoir, dans les teintes trop foncées et dans les lumières trop peu vives. Cette méthode n'a pas l'inconvénient de la retouche en noir sur les épreuves aux sels d'argent ; mais, assez compliquée, elle nécessite encore, pour chaque copie, la répétition du même travail. Du reste, elle n'exclut pas la retouche du négatif, puisqu'on fait subir quand même à celui-ci un nettoyage préliminaire : pourquoi alors ne pas en finir tandis qu'on le peut, et conduire le travail jusqu'au point où positifs ou négatifs seraient rendus aptes à produire l'épreuve parfaite, possédant ainsi, sans aucune peine ultérieure, des effets éclatants et un modelé artistique que l'on n'obtient pas aussi bien autrement?

Je parle ici, en général, au point de vue plutôt de la théorie que de la pratique, ce moyen n'étant à la portée que de ceux qui peuvent l'exécuter eux-mêmes ou le faire facilement exécuter.

Si donc c'est d'après un petit positif que l'on fait le négatif agrandi, il faut s'efforcer d'obtenir celui-ci gris et transparent, c'est-à-dire qu'il sera préférable d'avoir un cliché peu posé, à condition qu'il ne soit pas dur, qu'un cliché plein de détails, mais voilé par excès de pose.

On gommera ou l'on vernira à volonté. La Retouche s'effectuera à grands coups, par lignes assez longues plutôt que par pointillé, en s'efforçant d'unir la surface et de ne laisser aucune tache, sans trop se préoccuper d'abord du modelé. Les ombres seront soigneusement conservées, n'y reprenant que les points par trop transparents provenant des accidents de manipulations.

Dans un agrandissement de petite photographie, on reviendra, soit au crayon, soit au pinceau, dans tout le grenu donné par l'original; on tâchera de le faire disparaître sur toute l'étendue du cliché, mais surtout autour de la figure, où l'on pourra resserrer un peu le travail. Quelques coups largement donnés avec un crayon un peu gros dessineront des mèches de cheveux peu apparentes, ou flou; de même pour la barbe; les contours des yeux trop vagues seront arrêtés, les prunelles arrondies et nettement dessinées, les lèvres accentuées.

Enfin, il faudra donner les lumières.

Mais ici il est bon de ne pas agir, pour ces grandes surfaces, comme on agit d'habitude pour les petites.

Il serait d'une longueur infinie, on le comprend, de revenir sur son premier travail, et de produire du côté du collodion, avec le crayon seul, les effets nécessaires; il est donc préférable de procéder ainsi: Passer au dos du négatif une couche de vernis mat, et, après dessiccation, placer les effets à l'estompe enduite de plombagine, comme c'est indiqué pour les petits négatifs, en évitant de s'éloigner de la conformation naturelle du sujet, et d'en altérer la ressemblance en effaçant ou accentuant outre mesure les muscles expressifs de la physionomie; les ombres trop dures seront atténuées, les demi-teintes bien ménagées, et le tout se fondra dans un ensemble harmonieux. L'éclairage des vêtements se fait de la même manière : on accentue certains plis, et les parties très blanches, en ayant soin d'observer les graduations de tons; les ombres sont maintenues à peu près intactes, puisque le négatif n'a pas été renforcé.

On peut quelquefois remplacer le vernis mat par une feuille de papier minéral très transparent et qui permet une retouche plus détaillée; on peut même, pour des têtes de dimensions très fortes, et si l'intensité du négatif paraît insuffisante, recouvrir aussi le côté du collodion de ce même papier. Le négatif est ainsi emprisonné entre deux feuilles de papier minéral et se prête alors sur ses deux faces aux améliorations les plus compliquées.

Le papier minéral est d'abord mouillé, puis épongé sous papier buvard, et fixé encore humide sur le cliché, bordé tout autour d'une ligne de gomme arabique très forte. Laisser sécher.

Du côté de l'image, égaliser en premier lieu toutes les taches, défectuosités, etc., avec un crayon un peu mou, qui mord très bien sur la surface du papier minéral, accentuer de tous côtés les blancs des dentelles ou des chairs et fondre avec les lumières, par des demi-teintes aussi prolongées qu'on le désire, les ombres les plus vigoureuses. Si le crayon a laissé dans certaines parties une marque trop noire, elle s'efface aisément avec un tampon de coton. Les grandes masses éclairées se font au dos du cliché, toujours sur papier minéral, avec un tampon de coton un peu gros, enduit de plombagine; il faut prendre garde de ne pas, en même temps, dépasser sur les parties avoisinantes, qui doivent demeurer en demi-teintes: mais, avec du soin, de l'attention et la connaissance de son sujet, on peut opérer sur ce côté des perfectionnements infinis, et d'autant plus artistiques qu'ils acquièrent à l'impression une grande douceur, produite par l'épaisseur du verre qui les sépare de la surface du papier sensibilisé.

On peut ainsi donner n'importe quel degré d'intensité partielle, car si, par exemple, on a renforcé toute une tête d'une façon uniforme, on a la ressource d'enlever la plombagine au moyen de la gomme-grattoir et de rendre à leur transparence première, soit les sourcils, les prunelles, l'ombre projetée par le nez, celle du cou, soit même le côté tout entier de l'ombre, si l'ensemble de la physionomie paraît ne pas avoir assez de rondeur. De la même manière aussi, et comme je l'ai dit pour les petits négatifs, on peut masquer partiellement le fond; le tampon de coton qui sert à cet usage devra être un peu plus gros, et la plombagine mélangée à de la pierre ponce en poudre. Il y a encore un moyen de rendre le papier transparent dans les ombres qui paraîtraient insuffisamment profondes : c'est d'enduire au pinceau le papier d'une solution de baume de Canada dans un mélange, *ad libitum*, d'éther et de térébenthine.

Tels sont les différents procédés applicables aux négatifs agrandis d'après de petits positifs, procédés applicables aussi, suivant les cas, à la retouche des positifs faits à la dimension de l'épreuve définitive.

En résumé, pour tous les clichés possibles, négatifs ou positifs, directs ou non, le travail recommence toujours à peu près le même et par les mêmes moyens.

On voit donc que, dans l'art de retoucher les clichés photographiques, les premiers principes, seuls difficiles, sont aussi les plus importants, parce que toute la suite en découle, et consiste surtout en applications variées. Ces principes, ces applications ont été exposés le plus simplement possible : c'est maintenant affaire de goût, un peu, — de pratique, bien davantage, — de la part du lecteur, pour tirer tout le profit désirable de ces quelques conseils.

RENSEIGNEMENTS DIVERS

Installation pour le travail de nuit.

La retouche à la lumière artificielle n'est ni commode ni agréable ; on est cependant obligé parfois d'y recourir, surtout dans les sombres journées d'hiver. L'installation est assez simple.

Fig. 5.

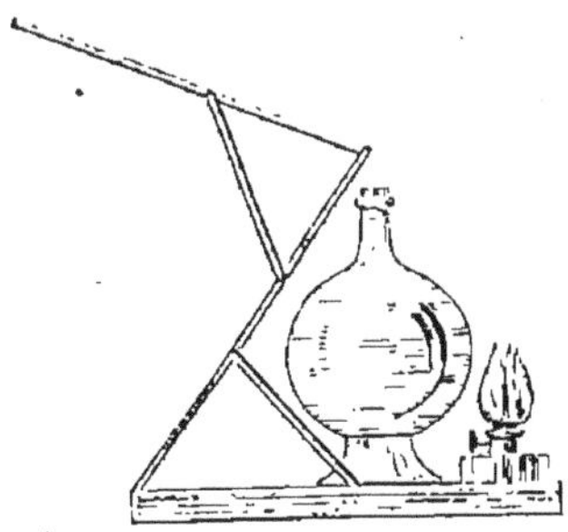

On place, sur la glace réflecteur du pupitre à retouche, une lampe très basse à flamme vive et régulière ; entre cette lampe et la glace dépolie, on interpose un globe rempli d'eau (*fig.* 5) pour augmenter la somme de lumière à projeter sous le cliché. Le foyer lumineux est dirigé à volonté, suivant les besoins.

Pour adoucir la blancheur éclatante de la lumière, dont l'intensité s'exagère en traversant le liquide, on peut teinter celui-ci en bleu ou en vert : en bleu, par l'addition d'un peu d'indigo ; en vert, par la dissolution de quelques cristaux de sulfate de cuivre.

Procédé pour donner aux Photographies l'aspect de Gravures ou d'Eaux-fortes.

On a beaucoup remarqué, dans une des dernières expositions photographiques de Londres, des épreuves, envoyées d'Amérique par M. Gutekunst, dont les fonds, ainsi qu'une partie des accessoires et du personnage, étaient travaillés à l'aiguille sur les clichés. L'auteur décrit ainsi sa manière de procéder :

« Se servir d'un vernis peu épais à la sandaraque, additionné d'huile de lavande ; fraîchement passé, il offre plus d'élasticité. Tracer légèrement sur le négatif le dessin choisi, indiquer les lumières au crayon ou à l'encre de Chine et enlever à l'aiguille les parties foncées. Pour les parquets et les ombres profondes, on se sert d'une aiguille un peu grosse ; on emploie une aiguille très fine, au contraire, pour les parties plus délicates et les plans plus éloignés. L'ensemble est éraillé par hachures simples ou croisées, suivant les teintes à obtenir, ou par pointillé rapproché, glissant avec un léger frottement sur les parties qui doivent demeurer à peu près intactes, visant surtout à ce que chaque partie se relie bien à celles qui l'avoisinent, sans empâtement.

« On arrive à la perfection par la pratique, et quoique une étude attentive des bonnes gravures puisse peut-être venir en aide aux premiers essais, il ne faut pas s'attacher à les imiter, car on se perdrait dans un travail infini, qui produirait un contraste trop grand avec les parties du cliché qu'il n'est pas possible d'érailler.

« L'imagination et le goût peuvent prendre librement leur essor dans le choix et l'arrangement des accessoires à dessiner sur les clichés ordinaires, mais si la pose du modèle a été étudiée de façon à correspondre avec un dessin choisi à l'avance, les résultats seront beaucoup plus artistiques. »

L'auteur recommande, comme on l'a vu, le vernis à la sandaraque; l'exécution me paraît plus facile et peut atteindre à un degré de finesse bien plus grand sur la couche de collodion simplement gommée.

DE L'ÉMAILLAGE

DES

ÉPREUVES POSITIVES

7.

DE L'ÉMAILLAGE

DES

ÉPREUVES POSITIVES

INTRODUCTION

L'émaillage des photographies est resté longtemps presque à l'état de secret professionnel. Peu de photographes en avaient une idée exacte ; et si quelques-uns pouvaient affirmer qu'on se servait de glaces sur lesquelles les épreuves étaient fixées à l'aide de collodion et de gélatine, le plus grand nombre ignoraient encore le premier mot des diverses opérations par lesquelles on arrive à donner aux images sur papier l'aspect brillant et solide de la vitrification.

Les quelques formules d'émaillage éparses dans des traités généraux de Photographie ne suffisaient pas à écarter de ce travail les incertitudes et les déceptions.

C'est pourquoi, après avoir expérimenté celles

qui me paraissaient susceptibles de se prêter à des résultats satisfaisants, j'ai réuni un certain nombre de données précises, avec lesquelles on obtiendra un succès assuré.

Certainement, d'autres que moi ont atteint le même résultat; mais, pour des raisons commerciales ou autres, ils n'ont divulgué ni leurs recherches ni leurs procédés: aussi le présent opuscule est-il le premier travail spécial et pratique publié sur ce sujet.

Décembre 1875.

CHAPITRE PREMIER

Des glaces et de leur nettoyage.

Choix des glaces. — Le choix des glaces est d'une grande importance dans l'émaillage; aussi, malgré son prix relativement élevé, je conseille l'emploi de la véritable glace, qui seule est exempte des bulles, raies et autres défauts qu'offre toujours la surface du verre le mieux poli, et qui, se reproduisant exactement sur la pellicule émaillée, lui enlèveraient toute sa valeur. La surface de la glace est plus tendre, plus susceptible de se rayer que celle du verre; mais, avec un peu d'attention, on la conserve intacte très longtemps. L'épaisseur doit en être suffisante pour supporter la pression qu'on est obligé d'exercer lors de l'application des épreuves et des cartons; les bords bien rodés permettent une plus grande adhérence du collodion, qui, par une température élevée et surtout s'il est acide, tend à se détacher partiellement; enfin, la manipulation en est plus facile. Un soin méticuleux dans ces détails est indispensable au résultat définitif, et l'on ne doit pas hésiter à rejeter comme impropre à l'émaillage toute glace rugueuse ou rayée, si l'on veut obtenir une pellicule uniforme et brillante.

Nettoyage des glaces. — Ici, comme dans toutes les autres opérations photographiques, le nettoyage des glaces demande à être très soigneusement fait. Tous les déboires mis sur le compte de l'émaillage viennent en grande partie de la négligence apportée à ce détail. On accuse la gélatine ou le collodion d'insuccès qui ne proviennent souvent que de plaques sales. Gardez-vous de l'humidité aussi bien pendant le nettoyage des plaques que pour les conserver; en hiver, chauffez les tampons, les préservant surtout de toute matière grasse.

Malgré le nombre de formules déjà connues, je conseille l'emploi d'une des deux liqueurs suivantes, qui agissent l'une et l'autre très rapidement :

Alcool.	100 parties.
Tripoli	5 —
Iode.	1 —

Agiter avant l'usage. Verser quelques gouttes sur la glace; frotter fortement avec un tampon de papier de soie jusqu'à complète évaporation; puis, avec une peau de chamois, enlever toute trace de poudre, et, en quelques secondes, la plaque sera parfaitement nettoyée. On peut s'assurer de sa propreté en hâlant dessus : la partie ainsi humectée doit être exempte de lignes ou de points. Cela obtenu, les plaques, glissées dans des boîtes à rainure, sont conservées pour l'usage.

On peut remplacer la solution ci-dessus par quelques gouttes d'ammoniaque ; et la surface est alors définitivement polie avec un peu d'alcool. Ce dernier moyen, quoique un peu compliqué, a l'avantage de ne laisser aucune poussière vers les bords, ce qui est à considérer.

CHAPITRE II

Collodionnage et gélatinage des glaces.

Talc. Cire. — La première opération consiste à interposer entre le collodion et la plaque une substance isolante qui facilitera l'enlèvement des épreuves. Plusieurs substances ont cette propriété; je me sers habituellement de poudre de talc de Venise. Procéder comme suit: Dans un morceau de calicot usé, mais très fin, verser une certaine quantité de talc, ramener la poudre vers le centre, resserrer les coins de l'étoffe, ce qui formera une boule de la grosseur d'un œuf environ. La glace, étant fixée sur la machine à polir, doit être frottée avec ce tampon, par mouvements de rotation partant du milieu vers les bords, jusqu'à ce qu'elle soit très brillante; elle est alors prête à servir, et ce tampon de talc peut s'employer jusqu'à épuisement. Il n'est pas nécessaire, comme on le croit généralement, que la couche de talc soit épaisse, le frottement seul du tampon suffit largement; il faut s'efforcer, au contraire, d'en mettre le moins possible, car l'excès cause un voile blanchâtre à la surface de l'émail; c'est un tour de main fort simple et que l'on réussit dès les premiers essais, si l'on se sert de glaces et de tampons très secs. On peut remplacer le talc par une solution de cire dans l'éther; l'un et l'autre de ces moyens produisent le même résultat. Dans le Chapitre qui traite de la composition du collodion, j'indique comment il est possible de se dispenser de ce premier travail.

Comment fixer le collodion sur les glaces. — La manipulation que je vais décrire a été, pendant assez longtemps, complètement négligée; on se préoccupait plutôt d'arriver à *enlever* l'épreuve de la glace qu'à l'y *fixer*, de telle sorte qu'elle ne s'en détachât qu'au moment choisi; et c'est pourtant là une condition indispensable de succès. En effet, le collodion isolé sur toute la surface, sans que rien l'y retînt, cédait, sous l'influence d'une température élevée, à la traction qu'exerce la gélatine servant à fixer épreuves et cartons, lesquels se détachaient à moitié secs, et le brillant disparaissait peu à peu, à mesure que s'achevait la dessiccation. Au bout de quelques heures, la surface, rugueuse et terne, offrait le plus désagréable aspect.

Il s'agit donc de fixer les émaux sur les glaces, de façon qu'ils y demeurent aussi longtemps qu'on le juge nécessaire, et voici comment on y réussit :

La glace étant collodionnée, comme je vais l'indiquer plus loin, et très sèche, passer tout autour, sur les bords, un petit linge humide qui enlèvera le collodion sur une ligne d'environ un demi-centimètre de largeur. On verra plus tard que la gélatine, ayant dans cet endroit prise sur le verre même, emprisonne le collodion et le soustrait à toute action atmosphérique. Certains émailleurs procèdent à cette petite opération avant le collodionnage, c'est-à-dire enlèvent simplement une ligne du talc ou de cire, ce qui n'est pas suffisant pour empêcher un collodion, surtout acide, de se détacher, au moins en partie.

Un autre moyen consiste à passer après le talc, sur les bords de la glace, un pinceau humecté d'albumine, évitant soigneusement d'en laisser tomber quelques gouttes sur la surface, car le collodion adhère très solidement partout où l'albumine a touché. Chacun sait comment se fait l'albumine : les blancs de trois œufs battus en neige suffisent pour quatre ou cinq cents plaques, et se conservent assez longtemps par l'addition de quelques gouttes d'ammoniaque (¹).

On comprend quels avantages on retire de l'emploi de l'un ou l'autre de ces moyens, puisqu'on peut ainsi laisser les photographies sur les glaces le temps qu'on désire, l'éclat brillant de l'émail-

(¹) On peut, si on le préfère, remplacer l'albumine par une dissolution de gomme arabique à 20 ou 25 0/0.

lage dépendant entièrement de la complète dessiccation au moment de l'enlèvement.

Les glaces, traitées à l'albumine, sont mises à sécher sur un égouttoir à rainures; il faut s'assurer que celle-ci est entièrement coagulée avant de procéder au collodionnage; une demi-heure suffit habituellement.

Préparation du collodion. — Le collodion que j'emploie se compose de :

Alcool à 40°.	400 parties.
Éther à 62°.	600 —
Coton-poudre.	8 —
Glycérine.	15 à 20 gouttes.

Laisser déposer et décanter. En général, je me sers de collodion très fluide. Plus il coule aisément sur la plaque, moins on en use, d'abord, et meilleur est le résultat. A mesure qu'il s'épaissit, on l'additionne d'éther, et à la deuxième ou troisième fois, on mélange ce qui reste à une égale quantité de collodion nouvellement décanté.

J'ai déjà dit qu'il était possible de détacher les épreuves sans enduire préalablement les glaces de talc ou de cire; il suffit pour cela d'ajouter 30 ou 35 gouttes d'acide chlorhydrique à chaque litre de collodion. De cette façon, on gagne peut-être du temps, mais, pour moi, je préfère de beaucoup ne jamais acidifier le collodion, car il se décompose alors très vite, et c'est d'ailleurs à l'acide que j'attribue certaines taches mates et bleuâtres qui se produisent parfois à la surface de l'épreuve émaillée ; en outre, dans ces conditions, le collodion se fendille aisément, surtout par les chaleurs, ce qui pourrait occasionner les plus sérieux ennuis au cas où l'on ne s'en apercevrait pas. Cependant, on peut l'essayer, mais alors il faut toujours border la glace d'une ligne d'albumine avant de collodionner.

Collodionnage. — Commencer par la glace qui a été talquée et albuminée la première, et qui, par conséquent, est la plus sèche ; épousseter légèrement la surface pour la débarrasser de toutes les poussières qui auraient pu y adhérer, puis verser le collodion à la façon ordinaire, prenant soin de bien couvrir la glace dans toutes ses parties, sur les bords, dans les coins, ne laissant aucun vide entre le collodion et la ligne albuminée, car l'épreuve se détacherait dans cette partie. La pellicule doit être très fine et très transparente, sans bulles, sans poussières ; laisser égoutter quelques secondes l'excès de liquide dans un deuxième flacon surmonté d'un entonnoir garni d'un petit tampon de coton ; le collodion se filtre ainsi à mesure et se trouve prêt à resservir si les flacons sont tenus avec propreté. Continuer ainsi pour toutes les autres glaces, que l'on replace consécutivement sur l'égouttoir, et laisser sécher une heure environ. — Je recommande pour l'émaillage des égouttoirs à rainures larges et écartées : l'air circulant plus aisément, la dessiccation s'opère avec plus de rapidité.

Choix de la gélatine. — Le choix de la gélatine est d'une très grande importance : on a reproché à l'émaillage de jaunir les épreuves photographiques, mais ce reproche ne peut raisonnablement s'appliquer qu'aux gélatines de mauvaise fabrication. Je me sers le plus habituellement de la gélatine photographique n° 1, préparée par la maison Nelson, de Londres. Cependant, j'ai quelquefois trouvé que la pellicule obtenue avec ce numéro était un peu trop fragile et trop mince ; aussi le mélange avec une gélatine moins soluble, plus consistante, m'a paru convenable, et, après des essais réitérés, la gélatine ambrée (*amber gelatine*) du même fabricant, mêlée par moitié à la précédente, m'a paru donner les meilleurs résultats. La pellicule ainsi obtenue est pure, transparente, flexible et brillante. La gélatine en feuilles préparée en France est bonne aussi pour cet usage ; mais il faut s'assurer qu'elle n'est pas acide, et que, malgré sa solubilité, elle est résistante et peu perméable.

Quelle que soit la qualité de gélatine dont on se servira, il est bon de la laisser quelques heures dans l'eau froide avant d'en opérer la dissolution au bain-marie. Un feu assez vif est alors nécessaire, et l'on doit avoir soin d'assurer le mélange en agitant de temps à autre.

Couche préliminaire sur les glaces. — On croit en

général que ce qui donne le brillant à l'émail, c'est exclusivement le collodion ; que la gélatine n'est employée que pour coller les épreuves et les cartons; et que, par conséquent, la solidité et l'éclat sont en raison directe de l'épaisseur du collodion. — C'est une erreur : que le collodion soit épais ou fluide, la surface de la pellicule reste la même, essentiellement fragile. Elle se creuse et se ride sous l'action de l'humidité, ce qui lui enlève une grande partie de sa transparence. Plus elle est épaisse et plus sont profonds et apparents ces creux et ces rides. Il n'est possible d'éviter ce défaut qu'en donnant à cette délicate pellicule un soutien plus fort qu'elle, et qui, par sa force de tension, empêche toutes ces irrégularités. La gélatine passée en couches épaisses, non seulement remplit ce but, mais encore protégera le collodion contre les éraillures accidentelles de la râcle. Donc, pour en revenir à ce que j'ai dit plus haut, on doit employer le collodion aussi fluide que possible, le considérant simplement comme support temporaire de la gélatine et des épreuves pendant leur séjour sur les glaces, support qu'il est impossible d'éliminer, car il empêche l'adhérence et permet le transfert; filtrer la gélatine à travers un linge très fin, dans une bouteille assez forte pour supporter la chaleur; remplir jusqu'au bord cette bouteille ; attendre quelques secondes que les bulles soient montées à la surface et les rejeter; verser alors le liquide dans une cuvette en porcelaine, très propre, contenue dans une autre cuvette en zinc à moitié remplie d'eau très chaude; soulever un des bouts de la cuvette en porcelaine par un coin de bois ou tout autre objet glissé en dessous. Il faut surtout éviter les bulles d'air, ce qui est facile si l'on verse très lentement sur un des bords de la cuvette, qui doit être remplie, jusqu'à ce que la gélatine arrive au niveau du fond du bord relevé. On a ainsi une nappe de liquide d'une épaisseur d'environ 0m,03 ou 0m,04 à un bout et de 1 demi-centimètre à l'autre.

Prendre une des glaces collodionnées par un coin, dans la main gauche, appuyer le bas de cette glace contre le fond relevé de la cuvette, et, au moyen d'un crochet tenu dans la main droite, abaisser doucement jusqu'à ce que le liquide couvre toute la surface collodionnée sans laisser la gélatine dépasser en dessus ; relever lentement le bras, évitant d'écorcher le collodion avec le crochet, et, après avoir égoutté un instant, mettre la glace à plat pour laisser sécher. On procède ainsi pour toutes les autres. — Cette opération doit se faire en pleine lumière et très lentement; j'insiste sur ce point, car si la plaque était plongée trop précipitamment dans la gélatine ou retirée trop brusquement, il se formerait une quantité de bulles presque impossibles à enlever. On doit aussi toujours tenir le liquide à peu près au même niveau, en remplaçant la quantité utilisée au moyen d'une solution semblable tenue chaude dans un bain-marie. Si l'on se conforme exactement à ces instructions, le résultat est infaillible, et l'on obtient des pellicules d'une parfaite régularité.

Je ne conseille pas d'étendre la gélatine avec un blaireau, qui peut laisser échapper quelques poils, ou érailler le collodion : de plus, par ce procédé, la pellicule n'est pas aussi uniforme que par le précédent.

Le mode opératoire que je viens d'exposer peut paraître un peu difficile au premier abord ; mais expliquer est souvent plus long qu'exécuter. Cela ne réclame, d'ailleurs, qu'un peu d'attention et de soin.

Il est possible aussi de verser la gélatine à la façon du collodion. La plaque doit être d'abord chauffée pour faciliter l'étendage, qui est beaucoup plus long et moins régulier que par le moyen précédent.

Les plaques, une fois préparées, sont abandonnées à la dessiccation pendant 10 ou 12h. Elles peuvent ensuite être conservées pour l'usage pendant fort longtemps.

CHAPITRE III

Retouche des épreuves avant l'émaillage.

Laissons les glaces ainsi préparées et prêtes à recevoir les photographies, pour nous occuper d'un travail d'une importance sérieuse et que l'on néglige en général beaucoup trop : je veux parler du repiquage des épreuves avant l'émaillage. Si l'on se sert de la couleur ordinaire, cette couleur est emportée par la gélatine ou l'eau dans lesquelles on est obligé d'immerger les épreuves, qui reparaissent avec tous leurs défauts lorsqu'elles sont émaillées. Je ne parle pas du mauvais effet que produit le repiquage exécuté sur la surface même de l'émail, qui est ainsi complètement détériorée.

Je me suis occupé particulièrement de la difficulté que je viens de signaler, et voici quelques conseils pour en triompher. Il faut reconnaître d'abord que toute retouche sur la surface émaillée est absolument impossible ; aucune composition de gomme, de glycérine ou de couleur à l'huile ne pouvant arriver à en égaler le brillant poli. Toutes les corrections doivent donc être faites avant de commencer l'émaillage, qui est la dernière opération.

Épreuves à tons bleus. — Lorsque le ton de l'épreuve est bleu, le moyen le plus simple est de se servir de crayons très mous. Les crayons Faber BBBB et BBB ainsi que les Grossberger et Kurz nos 1 et 2 sont excellents pour cet usage. L'épreuve est étendue sur un verre plan et la pointe du crayon légèrement appuyée dans le centre du point à effacer. Le poids seul du crayon le force à abandonner un grain presque imperceptible, qui est étendu sur toute la surface de la tache. L'excédent est enlevé en soufflant ou avec un blaireau. Une pression plus ou moins forte est exercée suivant la nature du point à effacer. La pointe du crayon ne fera pas de marque ni de trou dans le papier, à condition que l'épreuve soit, comme je l'ai recommandé, étendue sur une surface très plane. — Règle générale : toute retouche faite au crayon supporte les opérations d'émaillage; mais, comme on ne trouve pas des mines correspondant à toutes les teintes photographiques, l'emploi du crayon n'est possible que pour les épreuves à tons bleus.

Épreuves à tons chauds. — On se servira du pinceau et de couleur délayée avec un peu de gomme et une goutte de glycérine. La teinte sera employée un peu plus claire que celle de l'épreuve. Chaque partie retouchée doit être immédiatement recouverte d'une gouttelette de collodion normal suivant la formule indiquée page 87. On trempe un pinceau dans une bouteille contenant un peu de collodion et on laisse une goutte s'écouler du pinceau sans qu'il soit nécessaire de mettre celui-ci en contact avec l'épreuve. La pellicule ainsi obtenue protège la couleur. Si la photographie réclame un travail très compliqué sur toute son étendue, on la collodionne entièrement comme on ferait d'une glace. Ce procédé est infaillible. Le pointillé noirâtre qui couvre l'épreuvre après l'application du collodion n'a aucune importance et disparaît par le séchage. Le seul inconvénient, c'est que le collodion rend l'épreuve un peu roide et plus difficile à étendre, mais cela ne réclame qu'un peu plus de soin, et peut, du reste, être en grande partie évité si l'on se sert d'un collodion très fluide.

On a parlé d'un procédé à l'albumine, je ne le cite que pour mémoire, car il n'est pas d'une pratique aisée. Voici ce que c'est :

La couleur délayée à l'albumine s'étend sur l'épreuve, et chaque partie retouchée est recouverte d'une goutte d'alcool qui la rend insoluble. En réalité, cette insolubilité ne se produit qu'autant que l'alcool touche l'albumine *encore humide*, ce qui veut dire qu'on réussira quelquefois, mais non d'une manière infaillible.

Enfin, voici un moyen peut-être un peu compliqué, mais qui ne laisse rien à désirer comme résultats ; il est basé sur ce fait reconnu, que la gélatine, mise en présence d'une petite quantité d'alun de chrome, est parfaitement insoluble, même dans l'eau chaude. On prépare deux solutions :

N° 1.

Alun de chrome.	1gr
Eau	200

N° 2.

Gélatine.	15gr
Alcool.	15
Eau.	150

Au moment du travail, chauffer la solution n° 2, en verser sur la palette une petite quantité, avec laquelle on dissoudra la couleur dont on va se servir. Cette palette doit être maintenue chaude ; ajouter alors un peu de la solution alunée n° 1, et la teinte ainsi préparée sert à retoucher aussi soigneusement qu'on le désire. Pour empêcher la coagulation à la pointe du pinceau, tenir l'épreuve un peu chauffée, ce qui s'obtient aisément si l'on travaille sur un verre chaud. Ce mélange s'emploie ainsi très facilement, et, lorsque la retouche est sèche, elle est absolument imperméable. Je ferai observer qu'il ne faut pas laisser évaporer complètement toute trace d'humidité sur la palette après avoir ajouté la solution alunée, car, ainsi combinée, la teinte une fois sèche ne se dissout plus, et, si on la laisse se coaguler, elle ne peut plus revenir à l'état liquide. Le meilleur moyen est d'avoir à sa portée un petit vase d'eau tenue constamment chaude au moyen d'une lampe à alcool.

On peut même remplacer les deux solutions ci-dessus par un morceau de papier au charbon que l'on fait surnager dans un vase d'eau chaude; la gélatine, ramollie, laisse s'écouler les matières colorantes, et le papier lui-même sert de palette, sur laquelle on étend un peu d'alun de chrome.

CHAPITRE IV

Gélatine.

Préparation de la gélatine. — On met à gonfler : 150 parties de gélatine dans 500 parties d'eau pendant deux ou trois heures ; et, au bout de ce temps, on opère la dissolution au bain-marie. Je donne ici exactement la façon d'opérer, dont je me suis servi longtemps ; je l'ai, toutefois, remplacée par une autre que j'indiquerai plus loin, et qui me satisfait encore mieux. On pourra essayer des deux et choisir celle qu'on trouvera préférable. — Pour l'une ou l'autre, on doit s'organiser d'abord comme je le décris, chaque chose étant à sa place et à portée de la main, on agit ainsi sûrement et rapidement.

Mode opératoire. — Placer à sa gauche, sur une table assez grande, la boîte contenant les glaces préparées ; de l'autre côté, un égouttoir à rainures qui recevra les plaques, une fois celles-ci chargées des épreuves; devant soi, une cuvette en zinc montée sur trépied, profonde d'environ $0^{m},08$ et à moitié remplie d'eau tenue très chaude par une lampe à alcool ou un fourneau à gaz. Deux poignées, sur côtés, en faciliteront le maniement, et un robinet à l'un des coins permettra l'écoulement du liquide. Dans ce réservoir se placent à côté l'une de l'autre deux petites cuvettes en porcelaine, et encore une éponge et une râcle en caoutchouc.

Filtrer la gélatine très chaude dans les deux petites cuvettes, en évitant les bulles d'air. — Dans la cuvette de droite, plonger les épreuves à émailler; dans celle de gauche, la glace qui doit les recevoir, pour en ramollir la couche; relever la plaque immédiatement, afin de ne pas donner à cette couche le temps de se dissoudre, et étendre les photographies la face sur la pellicule, les maintenant avec le pouce de la main gauche et chassant bulles et excès de gélatine avec la râcle. — Retourner la glace, laver le côté verre avec l'éponge pour s'assurer qu'il ne reste ni poussières ni bulles; s'il en reste, repasser la râcle, et, si cela ne suffit pas, relever doucement l'épreuve, la retremper dans la gélatine et râcler de nouveau. — Tout cela doit se faire rapidement pour ne pas donner à la gélatine le temps de se coaguler avant d'en avoir chassé l'excès. Il ne faut pas non plus oublier de ramollir la pellicule sèche dans la cuvette de gauche spécialement affectée à cet usage, car les épreuves se colleraient immédiatement et l'on ne pourrait plus faire sortir les bulles. La plaque ainsi traitée est abandonnée à la coagulation sur l'égouttoir, dont les rainures doivent être larges et profondes pour éviter d'écorcher les bords de la pellicule, qui est très molle et très fragile à ce moment.

On emploie généralement les plaques 13 × 18, sur lesquelles ont met deux épreuves, ou une carte-album. Cette dimension se manie très commodément, mais je suis d'avis qu'il est préférable d'employer des dimensions plus grandes, recevant plus d'épreuves, parce qu'on agit ainsi avec beaucoup plus de rapidité. Cependant, pour faciliter les premiers essais, je donnerai pour le reste des manipulations quelques conseils relatifs spécialement aux glaces de petite dimension.

Les glaces ainsi prêtes, il faut maintenant s'occuper de fixer au dos des épreuves les cartons qui leur serviront de support définitif. Un bristol pas trop fort et bien satiné, coupé à l'avance de la grandeur nécessaire, remplira parfaitement le but. L'opération recommence la même que pour les épreuves ; ramollir les cartons dans l'eau, les égoutter, les tremper dans la cuvette qui a servi aux épreuves et les faire adhérer à chacune des glaces au moyen de la râcle. C'est plus simple que pour les photographies; pourtant, quelques précautions sont nécessaires pour assurer la complète réussite. Si l'on recouvre d'une seule fois les deux épreuves cartes sur une glace 13 × 18, il faut, comme pour toutes les autres grandeurs en général, s'assurer à l'avance que le carton est de 1 demi-centimètre à peu près plus petit que la glace ; si, au contraire, on s'est servi de cartons coupés à l'avance de la grandeur définitive de chaque épreuve, c'est-à-dire si l'on a placé sur chacune un carton différent, il faut que chacun de ces cartons soit aussi plus petit que l'épreuve, car, si le bristol la dépassait en mordant sur la pellicule, il pourrait, par le séchage, en reprenant sa planimétrie, attirer à lui une partie de la couche collodionnée, qui ne se détacherait pas, il est vrai, sur toute son étendue, mais partiellement, et produirait à cet endroit une tache mate qui enlèverait de la valeur à l'épreuve émaillée.

Pour les grandes épreuves (feuille entière, par exemple), le travail demeure le même ; mais, comme on ne peut manier ces grandes glaces avec autant de facilité que les petites, je conseille d'avoir une cuvette en zinc peu profonde dans laquelle la glace est posée à plat et qui retient l'excès de gélatine lorsque l'épreuve est passée à la râcle. Dans ce cas aussi, deux couches de gélatine sur le collodion, la seconde passée après complète dessiccation de la première, donneront plus de solidité, de brillant et de profondeur.

Tel est mon ancien système.

Voici maintenant ma nouvelle façon de procéder,

que je recommande comme plus rapide et plus simple :

L'installation est à peu près la même que précédemment ; mais on n'a besoin ni de gélatine ni de calorique. La cuvette de zinc est à moitié remplie d'eau froide, et les deux cuvettes en porcelaine sont placées l'une à gauche, l'autre à droite. Celle de gauche contient une dissolution d'alun de chrome (1^{gr} pour 300^{cc} d'eau) ; dans celle de droite, pleine d'eau froide, sont immergées les épreuves. Chaque glace, retirée de la boîte, est plongée dans la dissolution d'alun, qui a pour but de rendre la couche de gélatine absolument insoluble et beaucoup plus résistante ; 10 ou 15^{s} d'immersion suffisent ; on retire la plaque, qui se lave dans la cuvette en zinc ; et les épreuves, prises dans la cuvette de droite, sont étendues comme je l'ai indiqué plus haut, au moyen de la râcle, sur la couche de gélatine, qui est suffisamment humide pour faciliter l'adhérence. On égoutte les plaques. Les cartons, ramollis à l'avance dans l'eau froide et égouttés aussi, sont collés au dos des épreuves de la même façon qu'on a l'habitude de faire pour monter les photographies, soit à la colle d'amidon, soit à la gomme arabique ou tout autre produit similaire. La surface ainsi obtenue est d'un brillant plus profond que par le procédé à chaud, qui a l'inconvénient de se ternir un peu par les temps humides et de présenter alors une sorte de grenu général qui ne se forme jamais sur les surfaces obtenues à froid.

Soit par l'une, soit par l'autre méthode, lorsqu'on possède à fond (et cela vient vite) le tour de main de l'émaillage, je conseille d'opérer très largement pour simplifier le travail. C'est ainsi que, dans un laps de temps plus restreint, on arrive à produire plus et mieux avec moins de peine, ce qui vaut bien, ce me semble, qu'on passe sur le léger ennui qui résulte d'abord du maniement de glaces de certaines dimensions; car, en effet, tout est là : plus les glaces pourront contenir d'épreuves (jusqu'à une certaine limite, bien entendu), plus on gagnera de temps de toutes manières, dans le nettoyage, dans la préparation des glaces, dans l'opération même du gélatinage, sans compter l'économie des produits et le désagrément, désormais évité, de poser, pour le découpage, le calibre sur les émaux, au risque de les rayer.

Voici une bonne moyenne, à laquelle on peut s'arrêter :

Adopter comme dimension de glaces des 27 × 33. Sur cette grandeur, placer les unes après les autres, soit se touchant, soit à une distance de $0^m,01$ ou $0^m,02$, de 8 à 10 épreuves préalablement coupées au calibre, les recouvrir d'une feuille mince de caoutchouc, passer la râcle, enlever le caoutchouc, et laisser égoutter. On colle ensuite un seul carton de la grandeur de la plaque.

Enfin, lorsqu'il s'agit du montage, on coupe le carton en se servant de l'épreuve elle-même comme calibre, ce qui vaut beaucoup mieux et n'est certes pas aussi difficile qu'on le croirait.

Comment rapporter un double-fond sur une épreuve en plein, le tout émaillé. — Cela peut trouver son application en plusieurs cas, soit pour racheter dans les fonds quelques défauts ou accidents, soit pour en corriger l'uniformité et les rendre en tout semblables à ceux teintés directement.

On a une collection de négatifs obtenus d'après des papiers chagrinés de toutes sortes et de tous dessins, ces genres de fonds produisant de charmants effets en émaillage. De ces négatifs, on imprime à l'avance une certaine quantité d'épreuves de tons différents, afin de pouvoir plus aisément les assortir au ton de celles sur lesquelles elles doivent s'adapter.

Ayant ainsi une épreuve en plein, et voulant l'agrémenter d'un de ces fonds, voici comment on doit s'y prendre : couper une de ces feuilles teintées de la dimension de l'épreuve ; avec une matrice en zinc et un « Robinson's trimmer » enlever l'intérieur suivant la forme désirée, ovale ou à coins ronds ; au moment du gélatinage, immerger le fond en même temps que l'épreuve dans la cuvette de gélatine, et, là, les placer l'un sur l'autre avec soin, tels qu'ils doivent être définitivement, puis, sans les déranger, on les fixe comme une seule épreuve sur la glace, qu'on retourne pour s'assurer, après avoir d'abord légèrement passé la râcle, que rien n'a bougé. Tout étant bien en place, on chasse les bulles et l'on presse assez fortement pour que le centre et toutes les parties de l'épreuve adhèrent de façon que l'on voie distinctement le relief du fond adapté. Le carton est ensuite posé comme précédemment.

C'est là une opération délicate, mais non difficile, et le résultat en est d'ailleurs vraiment surprenant. Contre toute attente, il n'existe à la surface, après transfert, aucune épaisseur, aucune ligne de démarcation, et il est tout à fait impossible de distinguer l'une de l'autre deux épreuves au fond teinté, soit par le tirage, soit par ce dernier moyen.

Séchage. — Les plaques, verticalement posées sur des tablettes, à côté les unes des autres, sont abandonnées à la dessiccation ; il est impossible de fixer exactement le nombre d'heures qu'elles mettront à sécher, car tout dépend de la saison, de l'état de l'atmosphère, du degré de température de la chambre où elles sont placées. Pendant les grandes chaleurs de l'été, il faut choisir un endroit frais et très aéré ; c'est dans ces conditions que le brillant possédera toute sa délicatesse. L'hiver est moins favorable ; si on laisse les plaques dans un endroit sans feu, il faudra deux jours au moins pour arriver à les sécher, même imparfaitement ; si, au contraire, on chauffait trop, la gélatine, se coagulant trop rapidement, deviendrait cassante, ce qui occasionnerait sûrement, lors du bombage, des ennuis assez graves, auxquels il ne serait pas possible alors de remédier. Il faut donc se tenir dans un juste milieu, inclinant cependant plutôt à trop sécher que pas assez ; car, dans ce dernier cas, la surface émaillée perd entièrement son brillant quelques instants après le transfert. On reconnaît à quel moment on y doit procéder lorsque le carton est devenu parfaitement plan, très blanc, et que les bords des épreuves, vues à travers l'épaisseur du verre, sont entourés d'une sorte de filet brillant produit par l'attraction du carton sur la pellicule ; on introduit alors la pointe d'un canif sous le bristol, on crève la pellicule et on la coupe tout autour des bords. Si le séchage est complet, l'ensemble se détache pour ainsi dire presque seul, produisant un petit bruit sec, ressemblant au déchirement du calicot ou du parchemin. La première plaque peut ainsi servir d'essai, et si le son que j'indique ne se produit pas, la dessiccation est insuffisante, il faut retarder de quelques heures le transfert.

Il est utile, parfois, de terminer en quelques heures un petit nombre d'épreuves ; on doit alors opérer le séchage artificiellement, c'est-à-dire coaguler la gélatine par l'alcool. La glace, recouverte de ses épreuves et cartons, est plongée dans une cuvette d'alcool à 40° pendant 8 ou 10^{m}, puis abandonnée à l'évaporation. La dessiccation s'opère ainsi en 2^{h}, car il ne reste plus que l'humidité de l'alcool, qui disparaît très vite; et si l'on a soin, à ce moment, de chauffer la plaque assez fortement, on peut, sitôt qu'elle est refroidie, procéder au transfert. Le résultat est excellent, très facile pour quelques glaces, mais peu pratique, on le comprend, quand il s'agit d'une très grande quantité.

Accident à éviter. — S'il arrivait que le transfert ne pût avoir lieu sur toute la surface et que l'épreuve adhérât au verre en quelque endroit, il ne faudrait pas chercher à la détacher violemment, car on la déchirerait; il n'y a de remède que dans le décollage à l'eau chaude et un nouvel émaillage. Cette adhérence provient, soit d'humidité lors du talquage, soit d'un manque de talc à cet endroit, soit encore de quelque gouttelette d'albumine échappée au pinceau. Avant de procéder au nouvel émaillage, l'épreuve doit être très soigneusement débarrassée de toutes parcelles de collodion ou de gélatine, qui feraient tache si on les emprisonnait au-dessous de la nouvelle couche. C'est affaire de soins, et d'ailleurs ces observations ne peuvent s'appliquer qu'aux premiers essais, car il est bien rare que cet accident arrive au praticien.

Nettoyage des glaces ayant servi. — Les mêmes glaces servent indéfiniment; mais il est nécessaire, après chaque émaillage, de les débarrasser de toutes traces d'albumine ou de gélatine, qui pourraient occasionner des insuccès; il suffit de les laver à l'eau très chaude, et, après les avoir égouttées quelque temps, on les essuie, et l'on procède au polissage, comme je l'ai indiqué précédemment. Si le lavage est fait consciencieusement, on n'a presque pas de difficulté à les polir; sinon, on est, à chaque point saillant de gélatine, obligé de se servir d'une lame de canif ou de tout autre instrument résistant, ce qui devient très long et dangereux pour la conservation de la glace, qui peut ainsi être profondément endommagée.

CHAPITRE V

Montage.

Il faut s'attacher à conserver le plus possible aux épreuves émaillées toute leur planimétrie ; pour être parfaite, la surface émaillée doit n'avoir aucune raie, aucune tache, et posséder un brillant très profond. Les épreuves tirées en plein peuvent être considérées comme terminées, car il ne reste plus qu'à émarger les bords si elles ont été émaillées sur des cartons suffisamment résistants ; mais l'ensemble ne paraît pas ainsi très soigné, car, d'abord, il est difficile, à moins d'une habitude très grande, de conserver très propre le dos du carton, et ensuite, comme toute la surface est glacée, on ne peut prendre l'épreuve sans toucher au brillant avec les doigts, ce qui le ternit immédiatement, et doit être soigneusement évité. On ne peut non plus user des cartons stuqués, ou à tranches dorées, car l'eau décompose la couleur et produit des taches ineffaçables. On imprimera donc les épreuves à double fond, ce qui permet de leur donner un aspect beaucoup plus artistique.

Si les photographies n'ont pas été coupées au calibre avant l'émaillage, il faut les couper avec des ciseaux très forts et un calibre transparent en glace épaisse, évitant soigneusement tout grain de poussière qui pourrait s'interposer. Si, au contraire, elles ont été coupées à l'avance, on n'a qu'à suivre leurs bords aux ciseaux. Parfois, la pellicule a tendance à se détacher de l'épreuve ; cela provient d'une matière grasse à la surface de l'albumine et se produit souvent sur les photographies qu'on a trop maniées avant les opérations. On remédie en grande partie à cet inconvénient en immergeant avant l'émaillage les épreuves, qu'on suppose peu propres, dans une eau salée.

On procède maintenant à ce qu'on est convenu d'appeler le *bombage*. Ceci a pour but de mettre en relief la partie de l'épreuve occupée par le sujet, tandis que le double fond, clair ou sombre, uni ou à dessins, demeure plat, donnant ainsi plus de valeur au point principal.

On bombe en rond, en ovale ou en carré, au moyen de presses, de systèmes nombreux et différents. Le meilleur, à mon avis, est la presse anglaise de Marion, ainsi construite : Plusieurs formes en cuivre poli, creuses dans leur milieu, soit ovales, soit carrées, à coins ronds, format carte ou album, peuvent s'adapter au sommet d'une presse au moyen de rainures disposées à cet effet; au-dessous est une roue, que l'on tourne à volonté, et qui fait monter ou descendre un cylindre à vis, terminé par des formes de caoutchouc qui correspondent dans leurs parties pleines aux parties creuses des matrices de cuivre. L'épreuve est posée exactement sous la matrice. La pression est donnée en tournant la roue, forte ou faible, à volonté, et le centre bombé de l'épreuve se voit en dessus plus ou moins repoussé, suivant que la roue est forcée ou retenue; on laisse en pression quelques secondes, et l'on continue ainsi de même pour toutes. On peut d'ailleurs entremêler les opérations, couper et bomber en même temps; tandis qu'une épreuve est en pression, on coupe la suivante, qui la remplace, continuant ainsi jusqu'à ce que tout soit terminé.

On se sert aussi de boîtes ou matrices de bois de différentes grandeurs, dont la partie inférieure est convexe et la partie supérieure concave; l'épreuve, placée entre les deux, est soumise à une pression plus ou moins longue sous une presse à copier.

Il existe encore d'autres systèmes, que je ne puis indiquer ici; mais on se procure facilement ces sortes d'instruments; j'ai seulement désigné celui qui me paraît le plus rapide et le plus simple. On voit ainsi ce que l'on fait et la force de pression que l'on donne. Il est rare qu'avec cette presse on gâte des épreuves, comme il arrive, au contraire, souvent avec les autres appareils analogues ; ainsi, lorsque la dessiccation a été trop forte, l'émail éclate à la ligne de démarcation de la partie repoussée et de la partie plate. On peut éviter cet accident avec la presse anglaise, mais on ne le peut pas, on le comprend, quand l'épreuve est enfermée, complètement invisible, dans une boîte. Et, à ce propos, voici comment obvier à ce désagrément, inhérent à certaine qualité de gélatine : on additionne le collodion de quelques gouttes de glycérine et la dissolution de gélatine d'un peu d'huile de ricin ; on obtient de la sorte une pellicule plus élastique, mais un tant soit peu moins unie ; il faut donc n'user de ce remède qu'avec précaution.

Les cartons qui servent au montage des émaux seront employés le double plus forts que les cartons ordinaires. Passer tout autour sur les bords restés plans, au dos de l'épreuve bombée, une ligne de colle-forte chaude ; placer sur le carton, dans le milieu, un petit morceau de bristol replié en trois parties, qui formera ressort, large d'environ 0m,01 et long de 0m,03 ou 0m,04 ; assujettir l'épreuve sur le carton et la maintenir en place au moyen d'un cadre de bois portant seulement sur les parties plates, et renforcé d'un poids assez lourd, qui assurera le contact. On peut ainsi mettre 8 ou 10 épreuves les unes sur les autres, sous le même poids. Au bout de quelques minutes, on s'assure d'abord que l'épreuve n'a pas dévié, puis que l'adhésion est complète; enfin, quand toutes sont ainsi terminées, on fixe au sommet du verso de chacune d'elles une feuille de papier de soie blanc, rose ou bleu, qui, en retombant sur la photographie, protègera la surface émaillée contre la poussière ou les écorchures. La colle-forte peut être remplacée par la colle à froid de Bergez.

Enfin, ainsi terminées, les photographies émaillées sont glissées dans des boîtes à rainures, spécialement fabriquées à cet effet, et qui en permettent l'expédition sans danger d'écrasement; ou bien on remplace ces boîtes par des cadres de cartons épais placés entre chacune des épreuves pour protéger la partie bombée.

Ces dernières recommandations peuvent paraître superflues; on verra pourtant que la façon plus ou moins attentive avec laquelle on les applique est le complément, indispensable à un résultat parfait, de toutes les opérations longues et minutieuses décrites précédemment.

APPENDICE

APPENDICE

Déformation des épreuves par le collage.

Un effet curieux à observer, et dont peu de photographes peut-être ont cherché à s'expliquer la cause, c'est la différence frappante, étrange, qui existe entre des épreuves tirées cependant d'après le même cliché. Dans les unes, la figure paraît longue, étroite; dans les autres, élargie, aplatie. — L'écart de dimension est réel, et s'il était possible de considérer par transparence, l'une sur l'autre, ces épreuves, on pourrait juger combien leurs lignes sont loin de coïncider. Cette regrettable dissemblance est due au papier, qui s'étend par l'humidité dans le sens seul de sa largeur. Or, comme au tirage on se sert du papier sensibilisé sans se préoccuper du sens dans lequel il a été coupé, les épreuves s'étendent au collage, tantôt en long, tantôt en large, suivant qu'elles ont été imprimées de l'une ou de l'autre manière.

Il est impossible d'éviter ce défaut, que tout papier possède plus ou moins suivant la qualité de sa fabrication, mais il y a moyen d'obvier presque à cet inconvénient et même d'en tirer parti.

Pour avoir toutes les épreuves d'un même cliché exactement semblables, il ne faut employer, bien entendu, que des morceaux de papier coupés tous dans le même sens, ce qui est bien simple si l'on a la précaution de les séparer lors du coupage des feuilles entières. — Sachant que la feuille s'étend dans sa largeur, on peut alors employer de préférence, pour les figures larges, par exemple, les morceaux qui doivent s'allonger, et pour les figures longues et trop minces, ceux qui doivent s'élargir. C'est une affaire d'attention. Mais on arriverait de la sorte non seulement à éviter cette déplorable dissemblance entre chacun des portraits d'une même personne, mais encore à avantager considérablement certaines physionomies, sans crainte d'en altérer la ressemblance ou l'expression.

Comment on répare un cliché cassé.

Pour réparer un cliché cassé, il est non seulement nécessaire de resserrer fortement les deux parties, mais il faut encore les cimenter l'une à l'autre, afin d'éviter les lignes de démarcation noires ou blanches, lors du tirage ; voici la plus simple façon de procéder :

Placer le cliché cassé, collodion en dessous, sur une glace très unie et un peu plus grande que le cliché; enduire les bords des deux fragments avec du baume de Canada un peu chaud; les rejoindre, les presser fortement l'un contre l'autre, essuyer l'excès de baume chassé en dessus par la pression, et, lorsque la surface est très propre, recouvrir le cliché d'une autre glace coupée exactement de sa grandeur et préalablement enduite sur ses deux faces d'une couche de vernis mat suivant la formule page 49. Relever alors les trois glaces ensemble, les retourner, retirer la grande qui a servi de premier support, nettoyer du côté du collodion, comme on l'a fait pour l'autre côté, le baume qui aurait pu dépasser, et, après avoir de nouveau bien assuré le contact, entourer les deux glaces d'un cadre de papier gommé.

Il est surtout nécessaire de choisir avec soin la glace qui doit servir de support définitif, afin que l'une de ses surfaces et celle du cliché s'adaptent très exactement sur toute leur étendue. Il est prudent aussi de légèrement chauffer les deux fragments avant leur réunion afin que le baume se maintienne liquide plus longtemps et qu'on puisse en enlever l'excédent sans difficulté.

Ainsi traité, ce cliché ne réclame pas plus de précautions qu'un autre au tirage, et il donne des épreuves sur lesquelles aucune trace de cassure n'est visible.

Conservation du papier albuminé sensibilisé.

Le tirage au charbon se répand de jour en jour davantage, mais tous les photographes qui l'adoptent n'excluent pas néanmoins de leurs ateliers l'ancien système ; les grandes épreuves directes ou agrandies s'impriment en général par les procédés au charbon ; mais on continue à trouver qu'il est plus pratique de tirer les petites épreuves, telles que cartes ou cartes-album, par les procédés aux sels d'argent, dont les résultats sont, en outre, de beaucoup préférés par le public. C'est pourquoi le moyen que je donne ici pour conserver au papier albuminé préparé sa blancheur et sa sensibilité pourra, j'en suis sûr, rendre quelques services, surtout pendant les fortes chaleurs de l'été.

Sensibiliser comme à l'ordinaire, laisser sécher quelques instants ; lorsqu'il ne s'écoule plus de liquide, éponger sous buvard et étendre la feuille du côté non albuminé sur un bain composé de :

Eau distillée.	1000 parties
Acide citrique	60 —

Laisser flotter pendant 10 ou 15[s] environ, puis laisser sécher.

Ainsi préparé, le papier albuminé peut se conserver pendant trois ou quatre mois sans perdre ni en blancheur ni en sensibilité. L'acide citrique, n'étant pas en contact avec le côté sensible, n'affecte en aucune façon, ni la rapidité du tirage, ni la teinte ou la régularité du virage; le ton des épreuves m'a toujours paru, au contraire, beaucoup plus beau; les blancs, surtout, sont de la plus éclatante pureté.

Comment on évite les ampoules du papier albuminé

Les ampoules occasionnent toujours, on le sait, la détérioration plus ou moins rapide des épreuves; on doit donc s'attacher à les éviter le plus possible, et, quoiqu'elles ne se produisent pas également avec tous les papiers albuminés, ni dans toutes les saisons, il est bon, cependant, de savoir comment on peut y remédier. Voici un moyen, de source allemande je crois, réputé infaillible par son auteur: — Au sortir du bain d'or, les épreuves doivent être plongées dans une cuvette contenant une certaine quantité d'alcool à 36°; elles devront y demeurer jusqu'à ce que leur surface paraisse très brillante, ce qui demande environ 3 ou 4^m^; on les retire alors pour les laver et leur faire ensuite subir le fixage et les lavages habituels.

Ce bain d'alcool peut servir douze ou quinze fois si l'on a soin d'égoutter les épreuves avant de les y jeter, et comme, après ce service, il peut encore être utilisé pour brûler, le prix de revient est fort peu de chose.

Un autre moyen qui me réussit toujours et qui me paraît plus économique encore, c'est de verser dans le bain d'hyposulfite de soude, au moment du fixage, 4 ou 5 gouttes d'ammoniaque pure par litre de solution.

Séchage expéditif d'un cliché gélatino-bromuré.

Aujourd'hui que les plaques au gélatino-bromure tendent à remplacer bientôt les clichés au collodion humide, on sera bien aise de savoir comment on peut sécher rapidement un de ces nouveaux clichés dont la pellicule gélatineuse a le défaut de retenir longtemps l'humidité.

La plaque, bien lavée et égouttée, est plongée pendant 2 ou 3^m dans une cuvette contenant de l'alcool à 40°. Retirer la plaque, éponger au papier buvard le côté verre, et la dessiccation s'opère alors par évaporation en 5 ou 6^m.

TABLE DES MATIÈRES

Paris. — Imp. Gauthier-Villars et fils, 55, quai des Grands-Augustins.

Paris. — Imp. Gauthier-Villars et fils, 55, quai des Grands-Augustins.

www.ingramcontent.com/pod-product-compliance
Ingram Content Group UK Ltd.
Pitfield, Milton Keynes, MK11 3LW, UK
UKHW031912260826
14628UKWH00003B/1155

9 782013 064033